Dein Job ist es, frei zu sein

Paul J. Kohtes:
Dein Job ist es,
frei zu sein
© J. Kamphausen Verlag &
Distribution GmbH, Bielefeld
info@j-kamphausen.de
www.weltinnenraum.de

Lektorat: Jutta Oppermann
Umschlag-Gestaltung:
Shivananda Heinz Ackermann
Typografie/Satz: KleiDesign
Holzschnitte: Margret Kohtes
Druck & Verarbeitung:
Westermann Druck Zwickau

2. Auflage 2005
Die Deutsche Bibliothek – CIP-Einheitsaufnahme

Ein Titelsatz für diese Publikation
ist bei der Deutschen Bibliothek erhältlich

ISBN 3-89901-043-4

Dieses Buch wurde auf 100% Altpapier gedruckt und ist alterungsbeständig. Weitere Informationen hierzu finden Sie unter www.weltinnenraum.de

Paul J. Kohtes

Dein Job ist es, frei zu sein

Zen und die Kunst des Managements

Für Anna, Matthias & Co

Die Holzschnitte im Buch sind von Margret Kohtes. Sie vermitteln den Spannungsbogen zu den Kapiteln – von statisch, dunkel über alles fließt bis zum Licht.

Ihr seid zur Freiheit berufen.

Apostel Paulus
ca. 5 - 67 n. Chr.

Vorwort

Der eine Weg

Zen ist die Kunst des achtsamen Lebens im Augenblick, und zwar nicht in verkrampfter Anstrengung, sondern in humorgetränkter Gelöstheit. Zen verabscheut begriffliche Abstraktionen und bevorzugt hingegen die Anekdote, den intuitiv hingeworfenen Pinselstrich, das kunstvolle Blumenarrangement, die schweigsame Teezeremonie, die sorgfältig angelegten Steingärten, um zu sagen, was zu sagen ist. Denn Zen ist sinnlich konkret und durchschaut das begrifflich abstrahierende Denken als Projektion eigener Bewusstseinsformen. Wer denkt, projiziert. Wer projiziert, begegnet nicht der „Wirklichkeit", sondern dem, was in seiner Erfahrung als Denkstruktur und Gefühlsmuster Gewohnheit geworden ist, er begegnet also dauernd sich selbst bzw. dem, was er dafür hält. Das gilt natürlich nicht nur für „ihn", sondern auch für „sie". Da wir dabei sind: Ist Zen „männlich" oder „weiblich"? Starre Sitzhaltung, unbeugsamer Wille, hartes Training – männlich also? Loslassen, Hingabe der Vorurteile und der Leibesverspannung, empfangen lernen – weiblich also? Zen ist wohl androgyn: die aktive Passivität und die passive Aktivität, das chinesische *wu-wei*, Handeln im Nicht-Handeln, Denken des Nicht-Denkens, wie es bei dem japanischen Zen-Meister Hakuin (1686 - 1769) heißt.

Zen ist Praxis, nicht Theorie. Aber jede Praxis bedarf einer Theorie, um nicht blind zu sein. Nur ist die Zen-Theorie keine Metaphysik, sondern die genaue Wahrnehmung, Beobachtung Sammlung der sinnlichen Kräfte, der Physis also. Zen schmeckt, riecht, fühlt, hört und sieht man. Zen ist der Klang der Stille, das Gelächter des Witzes, der Duft von Reisstrohmatten und Räucherwerk, der Anblick des gesammelten Geistes und vor allem: das Gespür für den Atem. Nirvana ist nicht ein Zustand am Ende der Zeiten, sondern eine Bewusstseinsintensität, die hier und jetzt erlebt werden kann, wenn sich der gesammelte Geist dafür öffnet. „*Dieser* Ort ist das Lotos-Land, *dieser* Körper ist der Buddha-Körper", heißt es weiter bei Hakuin.

Gewiss ist Zen eine besondere Schule des Buddhismus, die in China entstanden, dann nach Korea, Japan und nach Südostasien gekommen ist, seit dem Ende des 19. Jahrhunderts auch nach den USA, Europa, Kanada, Australien, Südamerika und Afrika. Zen ist geprägt von seinen Ursprungskulturen in Asien, wobei nicht nur der Buddhismus als Vater des Zen zu gelten hat, sondern – als Mutter gleichsam – die taoistische Praxis und Lebensphilosophie. Zen kann sich kauzig, manchmal verschroben, jedenfalls quer und unbequem geben, es hat aber in der Geschichte auch höfische Literatur hervorgebracht und den Glanz der politischen Macht gesucht. Zen hat in bäuerlichen Schichten geblüht und ist dann vom chinesischen Adel entdeckt und wohl auch korrumpiert worden. Ähnliches trifft auf die Entwicklungen in Japan zu. Zen ist aber mehr als diese wechselvolle Geschichte, denn immer hat Zen die Kraft gefunden, sich aus dem urwüchsigen Geist seines Ursprungs zu regenerieren und mit verblüffender Direktheit die Wahrheit zu sagen, die Hohlheit des kulturellen Firnis anzukratzen und auf das Wesentliche des Menschseins hinzuweisen, nämlich auf die Frage: Wer sind wir eigentlich? Die betreffende Zen-Frage heißt: Was war dein Antlitz vor der Geburt deiner Eltern? Diese Frage und jede Suche nach Antwort kennt keine kulturellen Grenzen. Jede spekulative Antwort wird von den Zen-Meistern mit einer Ohrfeige quittiert;

die Antwort muß vielmehr existenziell sein, aus eigener Erfahrung kommen. Was heißt das? Aus der Erfahrung des Umgangs mit dem eigenen Bewusstsein.

Zen zeigt auf die Kostbarkeit jedes Augenblicks, keine Minute des Lebens sollen wir in unachtsamer Torheit vertun, sondern aufmerksam das Schöne genießen und das Hässliche betrachten als das, was es ist. Zen erkennt auch in einem Haufen Dreck ein wunderbares Stück Wirklichkeit, und „jeder Tag ist ein guter Tag". Zen-Meister Lin-chi (jap. Rinzai), der im 9. Jahrhundert in China lebte und eine der großen Zen-Schulen nicht nur geprägt, sondern ihr auch den Namen gegeben hat, mahnt: „Verehrte Mönche (und Nonnen und natürlich auch Laien und Laienanhängerinnen), man muß die Zeit für wertvoll erachten. Nur einfach bei anderen eifrig Zen lernen, die Weisheit lernen, an Namen und Worten anhaften, nach Buddha suchen, nach Patriarchen suchen, nach guten Lehrern suchen und auf diese Weise Unterscheidungen machen – begeht ja nicht diesen Fehler! Wahrheits-Suchende, für euch gibt es nur einen Vater und eine Mutter. Was sonst wollt ihr suchen? Schaut doch auf euch selbst!" (Rinzai roku) Vater und Mutter, das ist die eigene Buddha-Natur, das klare Bewusstsein, in dem die Einheit der Widersprüche erfahren wird, ein Bewusstsein, das jeder in sich erwecken kann. Wenn er aus dem Schlaf der Unklarheit und trüben Vorstellungen erwacht, wird er ein Erwachter („*buddha*") genannt. Jeder Mensch hat die nötigen Anlagen dazu.

Zen kann man nicht aus Büchern lernen. Doch erfahrungsgesättigte Bücher können ein Fingerzeig sein, der uns Anregung für die eigene Lebenspraxis gibt. Im Zen heißt es, dass man dann allerdings den Finger, der auf den Mond zeigt, nicht mit dem Mond verwechseln darf. Der Leser möge selbst erfahren, ob und wie das vorliegende Buch zu einem Finger für ihn wird. Nie stehen bleiben jedenfalls und für heilig gehaltene Wahrheiten wiederholen, sondern das alltägliche Leben mit dem Geist der Achtsamkeit und der meditativ erfahrenen Einheit durchdringen. Das Leben selbst stellt uns immerzu Aufgaben, die den Zen-Weg ausmachen. Im Umgang mit uns selbst, mit anderen Menschen, in unserem Beruf, im Eingebettetsein in der Natur, in allem ist Zen. Und, wie gesagt, mit Humor. Warum? Weil der Humor Abstand gewährt. Im Humor schauen wir mit einem gütigen Lächeln auf die Kleinlichkeit unserer alltäglichen Angelegenheiten, wir spüren dann, dass es eine Ebene der Wirklichkeit gibt, die unsere Probleme, Schrullen, Wichtigkeiten transzendiert. Genau das tut Zen, aber nicht indem es vom Boden abhebt, sondern indem es den Boden mit äußerster Genauigkeit beobachtet und umpflügt.

Zen kümmert sich um die Verdichtung des Alltags, nicht um das Räucherwerk am Sonntag, um das konkrete sinnliche Erlebnis, nicht um die leere Abstraktion des Gedankens. Zen ist ein Lebensweg, der so viele verschiedene Formen annehmen kann, wie es Menschen gibt, die ihn gehen, und doch ist es immer der *eine* Weg.

MICHAEL VON BRÜCK

Die es wissen, sprechen nicht davon.
Die davon sprechen, wissen es nicht.

LAO TSE
ca. 604 v. Chr.

Einführung und Warnhinweise zum Gebrauch dieses Buches

Dieses Buch ist eine Zumutung für Führungskräfte, die ihren Job wirklich ernst nehmen. Ja, es ist sogar ein Risiko für die Karriere. Sollten Sie das Buch trotzdem lesen wollen, dann tun Sie das auf eigene Gefahr. Folgende Gebrauchs- und Warnhinweise sollten Sie dabei beachten:

Lesen Sie das Buch in möglichst kleinen Schritten. Die einzelnen Kapitel sind in sich abgeschlossen. Sie können sie der Reihenfolge entsprechend von vorne nach hinten durchlesen oder sich einzelne Kapitel herauspicken.

Dieses Werk ist nichts für Fastfood-Fans. Schlingen Sie es also nicht hastig herunter. Nehmen Sie sich vielmehr Zeit beim Konsumieren der Texte und genießen Sie die köstliche Doppeldeutigkeit der Zen-Geschichten, die sich den Sinnen meist nicht beim ersten Hinsehen erschließt.

Alle Empfehlungen und die vorgeschlagenen Übungen sind vom Autor mit großer Sorgfalt und aus eigenen Erfahrungen heraus entwickelt worden. Er kann jedoch nicht für persönliche Veränderungen im Leben haftbar gemacht werden, die sich durch die Benutzung dieses Werkes ergeben.

Dieses Buch ist aus den Erfahrungen meiner persönlichen und beruflichen Krisen entstanden. Jeder kennt diese Phasen, in denen es so aussieht, als ob nichts mehr geht. Das ist das Besondere an einer Krise: nämlich das Gefühl oder die scheinbare Gewissheit, dass es zu einer unerwünschten Entwicklung keine Alternative mehr gibt. Wenn Sie beispielsweise erkennen, dass Ihre Firma auf eine Katastrophe zusteuert, gibt es irgendwann den „point of no return“. Das ist der Höhepunkt der Krise. Weil ich beruflich ständig mit Fällen von „Kommunikation in der Krise“ konfrontiert war – von der Atomenergie bis zur Milchwirtschaft, vom Versicherungskonzern bis zum Einzelunternehmer – wurde es mir irgendwann möglich, diese Erfahrungen auf den persönlichen Lebensbereich zu übertragen. Die wichtigste Entdeckung dabei war: Es gibt immer eine Alternative! Wir sind häufig nur blockiert oder borniert, weil uns die Alternativen zunächst als unmöglich und vor allem meistens als unerwünscht erscheinen. Oft entdecken wir erst im Nachhinein, dass die Alternative, in die wir schließlich hineingezwungen wurden, letztlich das Beste für uns war. Bei meinem eigenen wirtschaftlichen Desaster anlässlich der Übernahme eines mittelständigen Lebenshilfe-Verlages konnte ich diese Erfahrung erst vor kurzem ziemlich heftig „ausprobieren“.

Es gibt noch ein wichtiges Motiv für dieses Buch: Vielleicht kennen Sie das Gefühl der Zerrissenheit zwischen verschiedenen Lebenswelten. So bin ich im Beruf ein völlig anderer Mensch als in der Familie oder unter Freunden, jeweils eingesperrt in Rollen, die wir manchmal gar nicht mehr als Rollen wahrnehmen, weil sie uns schon derart selbstverständlich geworden sind. Nur das Unbehagen darüber, dass mit unserer persönlichen Identität irgendetwas nicht stimmig ist, bleibt.

Vor etwa 25 Jahren habe ich beschlossen, mich nicht mehr damit abzufinden. Ein Zen-Lehrer, der aus dem Leben kam, Professor Michael von Brück, hat mich dabei entscheidend geprägt. Allerdings habe ich ihn nicht gesucht. Wir haben uns gefunden. Warum erzähle ich das? Unsere Befreiung als Person geschieht niemals im Äußeren, vielmehr ist die äußere Freiheit Folge eines inneren Prozesses. Befreiung entsteht durch ein radikales Öffnen der eigenen Perspektiven. Das ist meistens sehr schmerzhaft und langwierig – und endet ohnehin nie. Warum? Weil wir bei diesem Prozess mit unseren unendlich tief sitzenden Ängsten konfrontiert werden. Erst wenn wir lernen, sie nicht mehr zu unterdrücken, sondern mit ihnen als nützliche Kompagnons zu leben, dann schimmert das Licht der Freiheit in unser inneres Gefängnis.

Deshalb wünsche ich Ihnen vor allem Mut, aber auch Vergnügen und neue Perspektiven beim Lesen!

PAUL J. KOHTES
Düsseldorf, Januar 2005

I

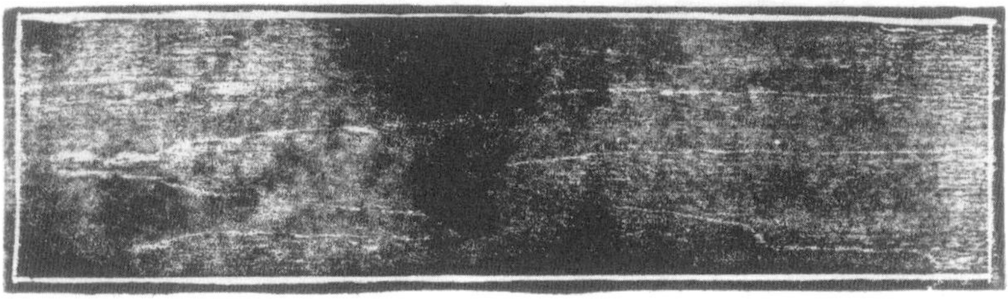

The single biggest problem in communication is the illusion that it has taken place.

George Bernhard Shaw
1856 - 1950

Identität – wer bin ich?

Von der Antwort auf die uralte Frage *Wer bin ich?* kann abhängen, ob wir unser Leben als gelungen bezeichnen können. *Wer bin ich?* ist das große Koan des Lebens. Ein Koan, das ist diese seltsame Aufgabe, die weder eine intellektuelle noch eine rationale, sondern nur eine intuitive Lösung findet. Sein tieferer Sinn lässt sich nur in der Versenkung, der Meditation, und nicht mit logischem Denken ergründen.

Wir alle sind eingeladen das größte existierende Koan unseres Lebens zu lösen. *Wer bin ich? Was ist meine Aufgabe in diesem Leben?* – die Antwort auf diese uralten Fragen nach der eigenen Identität ist nicht nur wichtig für jeden von uns als einzelne Personen, vielmehr ist sie auch von zentraler Bedeutung für alles, was Menschen erschaffen. Der Erfolg eines Unternehmens hat also ebenfalls mit der „richtigen" Beantwortung dieses Koans zu tun. Und genau davon handelt dieses Kapitel: von der Identität der Person (personal identity) und der des Unternehmens (corporate identity). Beide lassen sich gut durch typisch menschliche Eigenschaften charakterisieren: • wichtig • lebendig • gierig • solide • undurchschaubar • offen • und so fort.

Was die Identität für ein Unternehmen bedeutet, kann anhand des folgenden Beispiels veranschaulicht werden: Vor einigen Jahren leitete ein großes Automobilunternehmen in Stuttgart die Wandlung der eigenen Identität ein. Der Hersteller von Elite- und Prestigeautos wollte sich zu einer Qualitäts- und Innovationsmarke entwickeln, unter der auch Automobile im unteren Preissortiment angeboten werden sollten. Dieser Prozess kam einer unternehmerischen Kulturrevolution gleich. Der kundige Leser hat bereits erraten, dass es sich bei dem Automobilkonzern um DaimlerChrysler – genauer: um die Marke Mercedes – handelt. Wie erfolgreich der „Stretch" der Marke gelungen ist, zeigt der enorme Erfolg der A-Klasse – aus alter Mercedes-Perspektive eher ein Kleinwagen.

Damit eine solche umgreifende Wandlung in Unternehmen erfolgreich vollzogen werden kann, muss die Identität stimmig sein. Die Identität eines Unternehmens ist dessen grundlegendes Selbstverständnis, das sich aus der Tradition (Vergangenheit), der Positionierung am Markt (Gegenwart) und den Visionen (Zukunft) ergibt. Nur wenn diese drei Komponenten zusammenpassen, das heißt, im Fluss sind, entfaltet das Unternehmen Persönlichkeitsstärke oder, anders ausgedrückt, Persönlichkeitskapital (corporate capital). Mit dem corporate capital lässt sich der Marktwert eines Unternehmens sehr viel genauer erfassen als mit der üblicherweise zur Bewertung herangezogenen Finanzstärke. Das liegt daran, dass das Persönlichkeitskapital die Werthaltigkeit eines Betriebes vollständig erfasst. Berücksichtigt werden die Identitäten der Mitarbeiter, das Image des Unternehmens *und* seine Finanzstärke. Je präziser die verschiedenen Faktoren aufeinander abgestimmt sind, desto besser spielen sie zusammen und desto höher fällt der Wert des Persönlichkeitskapitals aus. Auf diese Weise entsteht eine Identität des Unternehmens, die einzigartig und Erfolg versprechend zugleich ist.

Nun ist jedes Unternehmen und jede Institution ein hierarchisches Gebilde, in dem Meinungen und Aufgaben von oben nach unten weitergereicht werden. Dies gilt immer – auch wenn Sozialträumer das nicht wahrhaben wollen und meinen, sie könnten ein Zusammenleben dauerhaft ohne Rangordnung organisieren. Die Existenz von Hierarchien bringt es mit sich, dass die Führungskräfte – der Vorstand, der Inhaber und Angestellte in leitender Position – den größten

Einfluss auf die Geschicke des Unternehmens haben. Auf ihre Identität kommt es also besonders an. Starke Persönlichkeiten, vor allem wenn sie als Führungskraft an der Spitze stehen, aber auch diejenigen, die auf einer weiter unten liegenden Führungsebene wirken, prägen die Unternehmensidentität ungleich stärker als der durchschnittliche Mitarbeiter. Das Beispiel Jack Welsch und General Electric ist weltberühmt. Sie selbst werden ähnliche Fälle kennen, entweder im eigenen Unternehmen oder bei der Konkurrenz. Nun gibt es auch Situationen, in denen die Persönlichkeitsstruktur des Top-Managements oder des Vorsitzenden nicht zur Identität des Unternehmens passen will. Wir alle erleben häufig mit, wie der Versuch, ein Unternehmen ganz auf die Identität des Vorsitzenden umzukrempeln, scheitert. Üblicherweise wird dann vom Versagen des Managers gesprochen. Das ist aber zu kurz gedacht, denn die Tatsache, dass die Kluft zwischen der persönlichen Identität des Managers und der des Unternehmens einfach nicht in Deckung zu bringen ist, sagt nicht unbedingt etwas über die Unfähigkeit des Managers an sich aus. Die aktuelle Geschichte der Deutschen Bahn mit ihrem großen Führer Hartmut Mehdorn mag das illustrieren.

In diesem Buch geht es vor allem um die persönliche Identität. Deshalb ist es wichtig, sie so gut wie möglich zu durchschauen, um Konflikte zwischen den Identitäten von Führung und Unternehmen, wie oben beschrieben, im eigenen Interesse zu vermeiden. Lesen Sie dazu folgende Zen-Geschichte aus Japan:

> *Eines schönen Tages bat der Statthalter des Kaisers den großen Zen-Lehrer und Abt eines bedeutenden Klosters in Kyoto um eine Unterredung. Der Diener des Abtes gab dem Zen-Meister die Karte des Statthalters, auf der geschrieben stand: Zuda Tschikagaki, der Statthalter des Kaisers in Kyoto.*

Der Meister drehte und wendete die Karte, reichte sie dem Diener und entgegnete ihm: „Mit diesem Mann möchte ich nichts zu tun haben. Er soll gehen.“ Betreten ging der Diener zu dem Statthalter, gab ihm die Karte mit tiefen Verbeugungen zurück und sagte, der Abt könne ihn leider nicht empfangen. Der Statthalter starrte auf die Karte, dann nahm er einen Stift und strich die Worte ‚Statthalter des Kaisers in Kyoto‘ durch. Er reichte dem Diener die Karte erneut. Dieser ging zu seinem Lehrer und zeigte ihm sie. „Ah!“, rief da der Abt. „Draußen wartet Zuda Tschikagaki? Sage ihm, ich freue mich auf ein Gespräch mit ihm.“

Hand aufs Herz! Sagen Sie nicht auch zunächst, Sie seien der Inhaber der Firma Groß & Klein, wenn Sie gefragt werden, wer Sie sind? Oder der Vorstand der Bedeutend AG? Mitglied der Geschäftsführung in der International Inc.? Leiter der Abteilung Wichtig? Ich kenne nur eine Visitenkarte, die aus dem Rahmen fällt und ohne die Nennung der Position auskommt, und zwar die des Schweizer Unternehmensberaters Alain Neumann, auf der steht: *Alain Neumann, Taglöhner und Mensch.*

Gewiss brauchen wir die Definition unserer Tätigkeit, um unserem Gegenüber eine Orientierung zu bieten, aber tragischerweise setzen wir unsere berufliche Funktion allzu oft mit unserer Persönlichkeit gleich. Und damit beginnt das Dilemma. Wenn wir uns nahezu ausschließlich über die Position und die Rolle, die wir in der Gesellschaft haben, definieren, bleibt ein großer Teil unserer Identität unterentwickelt. Denn auch auf uns trifft das zu, was für das Unternehmen gilt: Die Fülle unserer Identität setzt sich zusammen aus dem, was wir an Vergangenem, nämlich die genetische Struktur, das soziale Erbe und die Erziehung, mitbekommen haben, dem, was wir derzeit sind und tun, und dem, was unsere Vision für die Zukunft ist. Die Frage lautet also: Wie können wir eine vollständige, eine lebendige persönliche Identität entwickeln – trotz der vermutlich unvermeidlichen Dominanz unserer beruflichen Identität? Ohne eine Antwort darauf werden wir mit großer Wahrscheinlichkeit den Absturz früher oder später mit seiner ganzen Härte zu spüren bekommen – spätestens dann, wenn unsere beruflich oder gesellschaftlich definierte Identität überflüssig wird, weil wir arbeitslos werden, weil wir krank sind oder weil wir in Rente gehen. Deshalb ist es so wichtig, eine Lösung zu finden. Hier drei Vorschläge, wie es möglich ist, die eigene Identität zu entwickeln:

1. Akzeptiere dich selbst!

Sie werden vielleicht denken, sich selbst zu akzeptieren, das sei sehr schwer, insbesondere wenn Sie an all Ihre kleinen oder großen Schwächen und Unzulänglichkeiten denken. Wechseln wir einmal hinüber auf die Ebene des Unternehmens. Ein Unternehmen, das sich selbst akzeptiert, ist stolz auf sich. Und Unternehmen, die nicht mehr stolz auf sich sind oder sein können, befinden sich auf dem Weg zum Niedergang. Übertragen auf den Menschen heißt das: Nur wer sich selbst liebt und achtet, kann sich positiv weiterentwickeln. Ein Turbolader zur Selbstakzeptanz und damit zu einem freudvollen Leben ist die Dankbarkeit. Jetzt mögen Sie einwenden, dass Sie keinen Grund sehen, wirklich dankbar zu sein. Zwar kann ich nicht die persönlichen Umstände eines jeden Lesers einschätzen. Sicher ist jedoch: Wenn Sie dieses Buch lesen (nicht *weil* Sie dieses Buch lesen), gehören Sie zu der kleinen, weltweit privilegierten Kaste, die es sich leisten kann, sich mit dem Thema dieses Buches auseinander zu setzen. So schlecht sind Sie also nicht dran, als dass Sie einen Grund hätten, für nichts dankbar zu sein.

Dankbarkeit bezieht sich dabei nicht nur auf uns selbst. Ich habe die Erfahrung gemacht, dass sich gerade Geschäftsbeziehungen bestens entwickeln, wenn wir unserem Partner dankbar sind. Damit ist die innere Haltung gemeint und nicht das Bemühen, unser Gegenüber mit Dankesbezeugungen zu überschütten. Im Gegenteil, die offenkundige Absicht verdirbt das Ergebnis.

Dankbarkeit für unseren Alltag, für unser Dasein und auch für unsere Geschäftsverbindungen, für alles und jedes also, aus unserem tiefsten Inneren heraus zu empfinden, ohne sie bewusst herbeizuführen – das ist die Rückkehr zur Selbstakzeptanz. Zugegeben, der Weg dahin ist steinig. Dankbar zu sein für die schönen und angenehmen Seiten des Lebens fällt den meisten von uns leicht. Aber auch dankbar zu sein für das, was uns im Moment vielleicht als lästig, hinderlich und kompliziert erscheint, ist schwierig, wie folgende Zen-Geschichte veranschaulicht:

Der Zen-Meister und sein junger Schüler gehen auf der Straße an einem blinden Bettler vorüber. Der Meister sagt zum Schüler: „Gib ihm ein Geldstück!" Widerwillig wirft der Junge das Geldstück in den Hut und will sofort weitergehen. Da ermahnt ihn der Meister: „Du musst dich noch bedanken." Mit größerer Abwehr als zuvor legt der Schüler die Hände zusammen und verbeugt sich zum Zeichen der Dankbarkeit. Dann gehen beide schweigend weiter.

Nach einer Weile platzt aus dem Jungen heraus: „Nicht nur, dass ich dem Blinden etwas von unserem mühsam erbettelten Geld abgeben musste, vielmehr sollte ich mich auch noch bei ihm bedanken." Der Meister lächelt ihn an und sagt: „Dankbarkeit ist doch eine ganz wichtige Tugend. Und außerdem: Vielleicht war der blinde Bettler ein Betrüger – und wie hätten wir dann dagestanden?“

Die Fähigkeit zur Dankbarkeit ist uns allen bereits von Geburt an einprogrammiert. Sie kommt allerdings, wie viele ungeübte Tugenden, im Verlauf eines wechselvollen Lebens leicht unter die Räder. Vielleicht hilft Ihnen der nächste Punkt dabei, Ihre Dankbarkeit zu entwickeln.

2. Stärke deine Stärken!

Ein amerikanisches Sprichwort sagt:

BRAIN RUNS FOR FUN.

Soll bedeuten: Unser Gehirn reagiert überaus bereitwillig und wohlwollend auf positive Signale. Wenn wir uns zum Beispiel das Rauchen abgewöhnen wollen, dann ist es sehr schwer, dies aus der Überzeugung heraus zu tun, dass Rauchen gefährlich und ungesund ist. Dagegen ist es viel leichter, dem Glimmstängel adieu zu sagen, wenn wir uns die damit verbundenen angenehmen Effekte – mehr Freiheit, mehr Geld in der Tasche, Unabhängigkeit und mehr Gesundheit – vergegenwärtigen. Die von der Europäischen Gemeinschaft vorgeschriebenen Warnhinweise auf Zigarettenpackungen sind letztlich völlig unsinnig, weil unser Gehirn die Eigenschaft besitzt, auf Verbote und Gegenanzeigen eher kritisch und abwehrend als positiv zu reagieren. Die Aufschrift *RAUCHEN KANN ZUM TODE FÜHREN* hat sicherlich noch niemanden vom Rauchen abgehalten. Mehr noch: Sie ist ein herrliches Alibi für die Zigarettenindustrie, die sich damit vor möglichen Schadenersatzforderungen drücken kann.

Vor vielen Jahren war meine Agentur PLEON Kohtes Klewes an einer Kampagne der Berufsgenossenschaften zur Verminderung von Berufsunfällen beteiligt. Der damals gefundene Slogan lautete:

STOP DEN UNFALL!

Eine, wie ich heute meine, unsinnige Aufforderung, denn mit ihr verhindert man keine Unfälle, sondern beschwört sie geradezu herauf. Besser wäre der Aufruf gewesen:

ERFREUE DICH DEINER GESUNDHEIT!

Einen weiteren Beweis dafür, dass Warnungen und Verbote ziemlich wenig Sinn machen, liefert der Straßenverkehr. Wir alle kennen die Verbotsschilder, mit denen uns das Fahren von mehr als 30 Stundenkilometern untersagt wird. Eine Anweisung, die unser Gehirn, das auf Freiheit getrimmt ist und nach positiven Verstärkungen lechzt, geradezu auffordert, sich dagegen aufzulehnen. Besser wäre es, dem Beispiel der Niederlande zu folgen. Um die Autofahrer dazu zu bringen, ihre Geschwindigkeit zu drosseln, werden dort Verkehrsschilder aufgestellt, auf denen Kinder zu sehen sind, die eine, in diesem Fall etwas unbeholfene Aufschrift tragen:

DENKT AUCH AN UNSERE KINDER!

Neben solchen positiven Botschaften auf Schildern und Etiketten zeigen vor allem Symbole Wirkung. Haben Sie schon einmal ein ausrangiertes, an einem Baum aufgehängtes Dreirad gesehen? Vereinzelt versuchen besorgte Eltern damit, Raser in Wohngebieten zur Einsicht zu bewegen, und das, was sie auf diese Weise erreichen, ist vermutlich ungleich stärker als die Wirkung eines Verbotsschildes. Warum? Weil hier sofort die Assoziation *Kinder* geweckt wird und Kinder verbinden wir (meistens jedenfalls) mit einer lustvollen Erfahrung. Wir sind ihnen freundlich und wohlwollend gesonnen, was dazu führt, dass der mit dem Dreirad beabsichtigte Lerneffekt deutlich schneller eintritt und überzeugender ausfällt als der mit einem Verbot einhergehende.

Was hat all das nun damit zu tun, dass ich meine Stärken stärken soll, werden Sie sich jetzt sicherlich fragen. Ganz einfach: Unsere Stärken stärken wir garantiert nicht, indem wir uns ständig kritisieren und unserem Gehirn damit pausenlos negative Signale senden, sondern allein dadurch, dass wir es positiv stimmen, indem wir uns möglichst häufig loben. Loben Sie sich von morgens bis abends. Loben Sie auch andere, wenn dies möglich ist. Egal ob es dabei um große Taten oder um Kleinigkeiten geht. Die positive innere Haltung, die sich beim Loben einstellt, führt automatisch dazu, dass wir unsere Stärken stärken.

Das ist wie in der Schule. Büffeln ist eine mühsame und unsinnige Tätigkeit. Dagegen ist Lernen, das Spaß macht, weil es spielerisch geschieht, sehr viel effektiver. Nur auf diese Weise lernen kleine Kinder ganz ohne Mühe Sprache, soziales Verhalten und all die unendlich vielen Dinge, mit denen sie vor der Schulzeit innerhalb von wenigen Jahren in Berührung kommen. All das geschieht nur, weil die Stärken gestärkt werden. Diese Feststellung führt uns gleich zum dritten Punkt:

3. Kämpfe nie mehr gegen deine Schwächen!

Versuchen Sie nicht gegen eigene Schwächen oder die von anderen anzugehen! Das bringt so gut wie nichts. Im Gegenteil: Es ist lediglich pure Verschwendung von Energie. Folgendes Beispiel macht das deutlich: Ein großer Netzanbieter hatte sich vorgenommen seine Position auf dem Markt zu verbessern. Um dies zu erreichen, wurde der schwächere Konkurrent als Feindbild aufgebaut. Das ganze Unternehmen richtete sich danach aus, den Gegner niederzumachen und zu bekämpfen. Sie können sich sicherlich vorstellen, was passierte: Alle im Betrieb waren mit negativen Gedanken beschäftigt. Sie überlegten, wie der Konkurrent möglichst schnell kleinzukriegen sei. Zumindest war das die Aufgabenstellung. Niemand dachte darüber nach, wie man selbst groß werden konnte. Die Folge war absehbar: Das Vorhaben, den Wettbewerber in die Knie zu zwingen, scheiterte auf ganzer Linie. Der historische Wirtschaftskrieg, den Edison gegen Westinghouse in den USA führte, ist ein ähnliches Beispiel. Sich nur auf die Schwächung des Gegners zu konzentrieren, das ist ein sehr aufwendiges und letztendlich meist erfolgloses Unterfangen.

Was für Wettbewerber in der Wirtschaft gilt, trifft auch auf den Einzelnen zu. Wann immer Sie an sich oder an anderen etwas bemerken, von dem Sie meinen, dass Sie damit nicht zufrieden sind – eine körperliche Schwäche etwa oder ein heimliches Laster –, kämpfen Sie nicht dagegen an. Akzeptieren Sie es. Lassen Sie es sich von selbst irgendwann auflösen, und das funktioniert am besten, wenn Sie sich nicht dagegen wehren, sondern es einfach geschehen lassen.

Übungen

Sie merken: Auf der Suche nach der eigenen Identität müssen wir so manche Klippe umschiffen. Drei Aufgaben sollen Ihnen dabei helfen, Ihren persönlichen Weg zu entdecken.

1. Finden Sie wenigstens eine Person oder eine Situation in Ihrem Leben, für die Sie aus tiefstem Herzen dankbar sein können. Wem Sie Ihre Dankbarkeit bezeugen – Gott beispielsweise oder den Eltern, dem Schicksal, dem Partner, dem Chef oder sonst wem – ist nebensächlich. Es kommt einzig und allein auf den Vorgang an:

das Erleben eines intensiven Gefühls von Dankbarkeit. Genießen Sie es! Es ist eine sehr angenehme Empfindung.

❷

Diese Übung scheint auf den ersten Blick völlig lächerlich zu sein, sie ist aber verblüffend wirksam. Stellen Sie sich vor einen großen Spiegel, möglichst einen, in dem Sie sich als ganze Person betrachten können. Sagen Sie Ihrem Gegenüber: *Du bist ein toller Kerl!* Oder: *Du bist sexy!* Oder: *Du bist erfolgreich!* Oder welches Lob Sie sich auch immer zurufen mögen. Sie werden sehen, die Übung steigert nicht nur Ihre Stimmung, vielmehr führt sie, regelmäßig ausgeübt, zu einer Verbesserung Ihrer Lebensqualität.

❸

Wenn Sie sich in nächster Zeit mit Ihrem Partner oder Ihren Kollegen streiten (das ist leider nahezu unvermeidlich, egal, wie weit „fortgeschritten" Sie sind), dann beenden Sie den Konflikt doch ein einziges Mal mit dem Satz: *Ich akzeptiere es, du hast Recht.* Diese Übung hat den Vorteil, dass wir das unheilvolle Programm *Du hast Unrecht und ich habe Recht*, das fast automatisch in uns abläuft, wenigstens einmal durchbrechen. Dieses alte Programm ist nämlich wenig konstruktiv und raubt zudem noch unsere Energie. Es kommt bei dieser Übung übrigens nicht darauf an, ob der andere in dem konkreten Fall „wirklich" Recht hat, sondern dass Sie einfach ein einziges Mal akzeptieren, dass es *sein* Standpunkt ist (siehe dazu auch Kapitel XI).

II

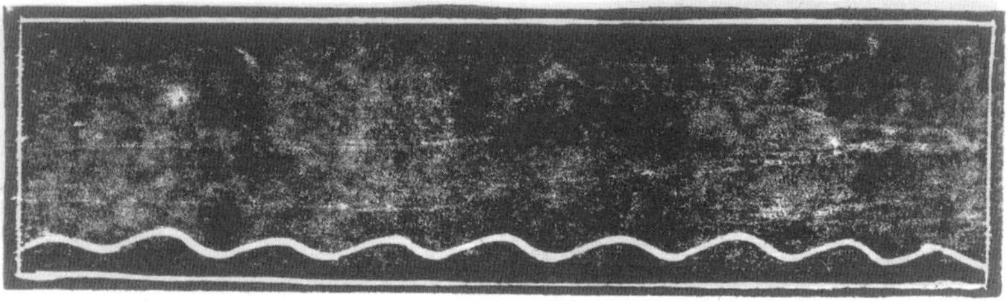

Was da ist, war längst, und was sein wird,
ist längst gewesen.

König Salomo
965 - 925 v. Chr.

Jedes hat seine Stunde

Der Italiener Giovanni Anselmo, bekannter Vertreter der „Arte Povera" (arme Kunst), berichtet von einer „Erleuchtungserfahrung". Bei Sonnenaufgang stand er auf dem Gipfel des Vulkans Stromboli. Als die Sonne über dem Meer auftauchte und ihn von unten beschien, stellte er verblüfft fest, dass er in der Weite des blauen Himmels keinen Schatten hatte...

Morgens früh ist die Welt noch in einem anderen Zustand als im Verlauf des Tages. Diese Erfahrung kann jeder machen, der aufsteht, bevor die ersten Sonnenstrahlen den Horizont erhellen. Die Phase zwischen dem Sonnenaufgang und dem Hellwerden zeigt in einem besonderen Maße, wie die Welt sich entwickelt, wie sie sich von der Dunkelheit hin zum Hellen wandelt. Übertragen wir dieses Bild auf die Erdgeschichte, so ist auch dies eine Entwicklung vom Dunklen zum Hellen.

Viele denken, die Welt sei auf dem Weg in den Untergang. Nun, auf ganz lange Sicht betrachtet mag das stimmen. Wenn wir den Astrophysikern glauben, dann ist die Welt ja ein Stück eines großen Atmungsprozesses zwischen Entstehen, Aufblühen und Vergehen. Betrachten wir aber die für uns Menschen aus heutiger Sicht überschaubaren Zeiträume, dann sehen wir, dass die Welt durchaus nicht auf dem Weg in den Untergang ist oder in Dunkelheit versinkt, sondern ganz im Gegenteil: Unsere Welt ist dabei, sich immer weiterzuentwickeln. Das meinte Meister Eckhart, christlicher Prediger und Professor des Mittelalters, als er sagte, dass auf der Erde nichts geschehe, was nicht zu einer weiteren Optimierung führen würde.

Die Geschichte der Menschheit gehorcht jedenfalls diesem Prinzip. Das Bewusstsein der Menschen hat sich von einem sehr archaischen, einfachen hin zu einem immer intensiveren, komplexeren entfaltet. Deutlich wird das an den alten Kulturen in China, in Indien und in Ägypten, die jede für sich große Sprünge in der Entwicklung der Menschheit und vor allem in deren Bewusstsein verkörpern. Selbst die Kulturleistungen eines untergegangenen Volkes wie das der Azteken sind nicht verloren, sondern sie sind – wie alle vergangenen Kulturepochen – Teil unseres kulturellen und geistigen Erbes geworden. Der Schweizer Psychologe C. G. Jung nennt es „kollektives Unbewusstes". Die gesamte Schöpfung entwickelt sich vom Einfachen zum Komplexen. Dahinter steckt die inhärente Zielrichtung „der Natur" zur Optimierung. In der Natur, in den Pflanzen und Tieren, können wir die Tendenz zur Höherentwicklung beobachten. Wir können also durchaus optimistisch in die Zukunft blicken, denn die kreativen Ideen für weitere Wandlungen werden der Welt so bald nicht ausgehen. Dass diese Prozesse nicht immer einfach, sondern mit vielen Verwerfungen, mit vielen Höhen und Tiefen, Hindernissen und Brüchen verbunden sind, das versteht sich von selbst. Daran, dass sich die Welt letztlich immer weiter zum „Besseren" hin entwickelt, ändert das jedoch nichts.

Bleibt die Frage, woran es liegt, dass wir Menschen diese Vorgänge oft nicht sehen? Warum wird die Verbesserung für uns nicht erlebbar? Nun, erstens sind wir nie zufrieden. Wir blicken zunächst immer auf die Mängel, auf das, was noch besser sein könnte, und nicht auf das Positive, auf das, was sich bereits entwickelt hat. Zweitens hat die Antwort auf diese Fragen etwas mit der Qualität der Zeit zu tun. Die Zeit erscheint uns in unterschiedlichen Facetten. Salomo, der weise Herrscher des Vereinigten Königreiches Israel, hat das wunderbar beschrieben:

Ein jegliches hat seine Zeit, und alles Vorhaben unter dem Himmel hat seine Stunde.

PREDIGER 3,1

Damit will er ausdrücken, dass jede Qualität in einem bestimmten Zeitrahmen entsteht und es keinen Sinn macht, diesen Zeitraum, in dem etwas heranreift, zu übertölpeln oder ihn zu umgehen.

Das trifft auch auf die Geschäftswelt zu. Hier gilt es, die Frage zu beantworten, wann die richtige Zeit für erfolgreiche Unternehmungen gekommen ist. Von Astrologen wird dieser Aspekt unter dem Blickwinkel der Gestirne betrachtet. Eine solche Ansicht ist legitim, weil das Auftreten und Verschwinden der Planeten natürlich ebenfalls etwas mit der Qualität in der Zeit zu tun hat. Sie erscheinen nicht zufällig, sondern folgen Gesetzmäßigkeiten, tauchen nach einer bestimmten Regel auf. Dass die Planeten gerade da sind, wo sie sind, und sich die Dinge zu diesem Zeitpunkt in einer speziellen Weise manifestieren, ist ein Hinweis darauf, dass ihr Moment gekommen ist. Herauszufinden, in welcher Sternenkonstellation die Zeit reif für etwas ist, das ist die große Kunst – und offensichtlich unglaublich schwierig. Wie sonst könnten wir erklären, dass die Prognosen der Astrologen oft so fehlerhaft oder ungenau sind? Nur sehr selten ist ein Treffer so bedeutsam wie bei den Heiligen Drei Königen, die nur „ihrem" Stern folgten, um ein Jahrtausend-Baby zu entdecken. Um als Normalsterblicher aus den Planetenständen zukünftige Begebenheiten und Geschehnisse korrekt ableiten zu können, um zu erkennen, was gerade „dran" ist, bräuchten wir eine vollkommene Weltübersicht, den universalen Überblick also.

Ob wir nun Astrologen sind oder nicht – den universalen Durchblick haben wir alle nur dann, wenn wir einen großen

Abstand zu den Dingen finden. Großer Abstand meint, dass wir in der Lage sind das zu Bewertende in seiner Gesamtheit zu sehen. Auf die Geschäftswelt bezogen bedeutet das: Erst wenn wir die Dinge aus der Entfernung betrachten, sehen wir klar. Erst dann erkennen wir, was auf dem Markt ganz generell passiert. Welche Wettbewerber sind in welchem Zustand? Welche Marktsituation herrscht in den führenden Industrieländern vor? Wie stellt sich die Entwicklung der unterschiedlichen Nachfragestrukturen dar? All dies können wir besser bewerten, wenn wir einen großen Abstand wahren.

Übungen

Naivität ist eine wundervolle Eigenschaft, um Abstand zu erfahren. Denn wer naiv ist, ist noch nicht fixiert, und erst das macht es möglich, das ganze Potenzial zu erkennen. Die großen Erfindungen und Entdeckungen entstammen einem kindlichen Denken, einer Mischung aus Unvoreingenommenheit, Neugierde und Freude am Sein. Columbus war einfach naiv, als er nach Westen segelte, um im Osten anzukommen. Das Ergebnis ist bekannt. Auch die Aldi-Gründer, die Brüder Albrecht, handelten äußerst naiv mit ihrem Glauben daran, dass die Menschen sich ohne Bedienung ihre Sachen aus primitiven Kisten und Regalen selbst zusammenklauben.

Sie sehen: Mit Naivität können Sie zu einem der reichsten Menschen der Welt werden. Die folgenden Übungen können Sie als „kindisch" abtun oder Sie nutzen sie, um Ihre Fähigkeit zur „birds-eye-perspective“, also das Wahrnehmen aus der Vogelschau, zu stärken.

1

Die hier beschriebene Phantasiereise – ursprünglich als Entspannungsübung für Kinder gedacht – habe ich schon oft mit Erwachsenen ausprobiert; sie „funktioniert“ auch bei uns Großen. Die Geschichte dieser Reise lassen Sie sich am besten vorlesen oder Sie sprechen den Text vorab sehr langsam (!) auf ein Diktiergerät oder auf die Diktierfunktion des Telefons und spielen ihn hinterher ab.

Legen Sie sich dazu bequem auf den Rücken – am besten auf einen festen, aber nicht zu harten Grund, zum Beispiel auf den Teppichboden in Ihrem Büro. Vielleicht brauchen Sie zur Stütze Ihres Kopfes ein kleines Kissen oder einen Pullover. Lauschen Sie jetzt einer Geschichte, die ähnlich der folgenden ablaufen könnte:

Nehmen Sie Ihre neben dem Körper abgelegten Arme wahr, erst den rechten, dann den linken. Spüren Sie danach in Ihr rechtes, dann in Ihr linkes Bein, in Ihren Rumpf, Ihren Hals und Ihren Kopf. Warten Sie, bis Ihr Atem sich beruhigt und ganz leicht kommt und geht. Wenn Gedanken auftauchen, schicken Sie diese weg. Sagen Sie ihnen: „Jetzt nicht.“

Stellen Sie sich nun vor, dass Sie auf dem Rückweg eines langen Spaziergangs sind. Sie kommen an einer Wiese vorbei, fernab von Straßenlärm. Es ist ein schöner Sommertag, angenehm warm und ein leichte Brise erfrischt.

Sie beschließen, eine Rast zu machen und legen sich in das weiche Gras inmitten der Wiese. Sie blicken nach oben zum Himmel. Durch das Blau ziehen vereinzelt weiße Wolken. Hören Sie das Summen der Insekten, riechen Sie das frische Gras.

Sie spüren, wie Ihr Körper sich entspannt und schwer wird – ein Moment zwischen Tag und Traum. Irgendwo in der Ferne hören Sie Musik. Ein Kinderfest. Farbige Ballons segeln am Himmel über Sie hinweg: rote, grüne, blaue, weiße, gelbe. Ein Ballon ist besonders groß und transparent. Er landet neben Ihnen und lädt Sie ein mitzufahren. Überrascht, aber neugierig steigen Sie ein. Sie machen es sich in diesem transparenten Ballon bequem, der nun sanft abhebt und hoch über der Landschaft dahinschwebt. Er gehorcht jedem Ihrer Gedanken. So steigen Sie höher, um die Welt von ganz oben zu betrachten: die Wiesen, Wälder, Straßen, Dörfer und Städte, ja ganze Meere können Sie überblicken. Wenn Sie möchten, können Sie die Welt sogar aus der Perspektive der Raumfahrer sehen. Dann ist Ihre Wiese irgendwo ganz weit unten zunächst noch als kleiner grüner Punkt und später gar nicht mehr auszumachen. Reisen Sie eine Weile in Ihrem Ballon über die Erde, mal höher, mal tiefer. Betrachten Sie die Kontinente und Meere, die Seen und Berge und die Planeten um Sie herum. Schweben Sie so lange in Ihrem Ballon, bis Sie meinen, es sei Zeit zurückzukehren.

Der Ballon setzt Sie jetzt sanft auf Ihrer Wiese ab. Dort liegen Sie – aufgewacht aus einem Traum in einem Traum. Lassen Sie die Reise noch ein wenig nachklingen. Nun atmen Sie tief ein und aus! Stellen Sie sich vor, dass Sie herrlich erfrischt und belebt sind, wenn Sie sich gleich erheben. Recken und strecken Sie sich. Rollen Sie sich dann in die Seitenlage, um schließlich über alle Viere aufzustehen.

2

Diese Übung ist das Kontrastprogramm zur vorherigen. Gehen Sie dafür einmal bewusst dorthin, wo Sie sich normalerweise nicht aufhalten. Wann haben Sie sich zum letzten Mal in einem Umfeld befunden, das mit Ihrer Arbeit etwas zu tun hat, aber mit dem Sie in Ihrem Berufsalltag normalerweise nicht in Berührung kommen?
Ein Beispiel zeigt, dass sich hierbei völlig neue Horizonte auftun können: Bei einem Treffen mit hochkarätigen Managern einer ganzen Branche, die ich hier nicht nennen kann, weil das zu peinlich wäre, wurden ganz normale, ganz alltägliche Werbespots vorgeführt. Die Herren waren amüsiert: „Nein, unglaublich, so etwas sehen sich die Menschen an?!" Die Herren – es hätten natürlich auch Damen sein können – hatten noch nie erfahren, wie das Leben ihrer Zielgruppen wirklich ist. Wie sieht es mit Ihnen aus? Wie nah stehen Sie an der Realität der Mitarbeiter Ihrer Branche? Wann haben Sie sich zuletzt in der Produktion, bei der Entsorgung oder im Betrieb eines Lieferanten umgeschaut? Wann waren Sie dort, wo Ihre Zielgruppen sind? Die

wachsende Distanz zwischen unserer Arbeit und dem Alltag unserer Mitarbeiter und Zielgruppen führt dazu, dass unser Handeln abstrakt wird. Es scheint uns, als wäre es eine Vereinfachung, wenn wir die komplexen Strukturen ausblenden. Allerdings rächt sich das durch einen zunehmenden Grad an Unwirklichkeit.

Bei Toyota ist es üblich, dass jeder Mitarbeiter in der Produktion in den Jobs rotiert. So bekommt er oder sie die Chance, die unterschiedlichen Perspektiven der Produktionsprozesse kennen zu lernen – und dabei zu optimieren. Nachdem bei Coca Cola in den USA die Idee geboren worden war, die Brause müsse in Deutschland auch in Schulen verkäuflich sein, winkte der damalige Deutschland-Repräsentant milde lächelnd ab: „Cola geht nicht in deutschen Schulen." Sein amerikanischer Kollege ließ nicht locker. Er fuhr selbst nach Deutschland, um Schulen zu besuchen. Halb englisch, halb deutsch radebrechend schaffte er es tatsächlich, Schulen als Abnehmer der Limonade zu gewinnen – ein Durchbruch.

Das zeigt: Als Schreibtischtäter verlieren wir nicht nur den Kontakt zum wirklichen Leben, wir verlieren auch die Fähigkeit, die lebendige Dynamik der Wirklichkeit als Wasser auf unsere Mühlen zu leiten.

III

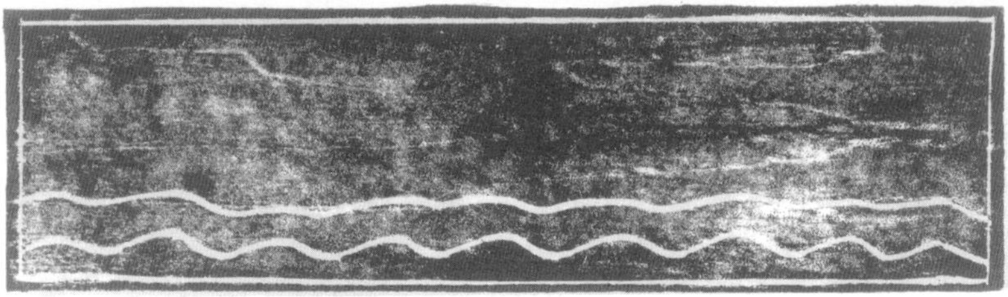

The true value of a human being
can be found in the degree
to which he has attained
liberation from the self.

ALBERT EINSTEIN
1879 - 1955

Zeitlosigkeit in der Zeit – Erfahrung der Freiheit

In Bonn hat mein früherer Geschäftspartner Gregor Schönborn die Firma Deep White ins Leben gerufen. Deep White beschäftigt sich damit, in Zusammenarbeit mit der Universität St. Gallen empirische Daten erfolgreicher Unternehmen zu sammeln und diese zu Erfolgsmodellen zu verbinden. Ein sicherlich ehrenwertes Vorgehen, das jedoch immer die Gefahr birgt, der Zeit hinterherzuhinken. Wir können uns in diesem Zusammenhang fragen: Was macht erfolgreiche Unternehmen wirklich aus? Sind es messbare, nachvollziehbare Kriterien? Die Berechenbarkeit des Erfolges, deren Formel wir immer hoffen zu finden? Etwa die, die in der Werbung für Lottosysteme steht: „...orientieren Sie sich am Gewinnersystem. Die meisten Millionäre durch unsere Methode!" Oder die, die in Erfolgsbüchern verheißt: „Machen Sie es wie der Autor XY!" Bei mir heißt es dagegen: *Machen Sie es bitte auf keinen Fall so wie ich! Das wäre erstens nicht originell und zweitens eine Katastrophe, weil es nicht Ihr Weg wäre.*

Glauben Sie mir: Die einzig wahre Formel für den Erfolg existiert nicht. Daher ist es auch nicht wichtig, es genau so zu machen wie andere erfolgreiche Firmen oder andere Führungskräfte. Jeder muss seinen individuellen Weg gehen – was ungleich schwieriger ist, als den ausgetretenen Pfaden der anderen zu folgen.

Den Weg, der Sie unvermeidlich in eine Sackgasse führt, möchte ich Ihnen dabei unbedingt ersparen: Es ist ein Trugschluss, dass sich der Erfolg einstellt, wenn wir eine kalte Unternehmenskonzeption erstellen, die ausschließlich dem

Intellekt entspringt. Die Erfahrung zeigt, dass Firmen immer dann Gewinn bringend agieren, wenn sie aus dem Bauch heraus gegründet werden und ihre Manager sich beim Geschäftemachen auf ihre Intuition verlassen. Ein vom Verstand dominiertes System steckt nicht dahinter. Erst im Nachhinein wird versucht, das Handeln in ein Konzept zu pressen, das dann als Beschreibungskriterium für den Erfolg dient.

Fakt ist: Die Krupps, Boeings und Daimlers dieser Welt haben etwas auf die Beine gestellt, das vor allem vom Gefühl und nicht von der Ratio abgesichert war. Und das ist eine typisch menschliche Vorgehensweise, wie Untersuchungen belegen, nach denen unser Leben zu 90 Prozent von den Emotionen bestimmt wird und lediglich zu 10 Prozent vom Intellekt. Im Geschäftsleben gelten Emotionen jedoch als unzuverlässig und werden daher nur sparsam eingesetzt, obwohl sie in reichem Maße in jedem von uns vorhanden sind. Ähnlich wie bei einem Eisberg, von dem 10 oder 20 Prozent, also der weitaus kleinere Teil, aus dem Wasser herausragt – die große Masse des Eises befindet sich für uns unsichtbar unter Wasser.

Das konsequente Verbergen der Emotionen hat in der Geschäftswelt dazu geführt, dass die rationale Seite das Denken dominiert. Eine fatale Entwicklung, der wir von unserer Agentur entschieden entgegentreten wollten. So haben wir beispielsweise versucht, die emotionale Komponente bei der Kommunikation der Atomkraftbranche mit den Menschen stärker in den Mittelpunkt zu rücken. Dass uns das nicht gelungen ist, lag an der damaligen *Zeitqualität*: Die Bereitschaft und die Fähigkeit der Branche, sich auf die Gefühlswelt der Kunden einzulassen, war extrem gering. Was bei ihr zählte, waren vermeintliche Fakten und Daten. Alles, was darüber hinausging, war den Managern offenbar unheimlich.

In einem anderen Fall machten wir ähnliche Erfahrungen. Während eines von uns angebotenen mehrtägigen Workshops standen Relaxing-Übungen auf dem Programm. Nach der Bitte, sich auf Decken zu legen, verschwand die Hälfte der 15 Teilnehmer sofort. Es war ihnen unangenehm und befand sich jenseits ihrer Vorstellungswelt, sich auf den Boden zu legen und womöglich die Augen zu schließen. Die anderen ließen sich mit etwas Widerwillen auf die Übungen ein. Immerhin die Hälfte von ihnen zog einen großen Gewinn daraus, weil sie zum ersten Mal in ihrem Leben erfuhr, wie sie sich ganz und gar auf den Augenblick einlassen konnte. Diese Teilnehmer merkten, dass sie sich losgelöst von den Kontroll- und Steuerungsmechanismen äußerst befreit fühlten und wie entspannend, wie angenehm und wie wunderbar bereichernd ein solcher Zustand jenseits des diskursiven Verstandes sein konnte.

Offensichtlich waren während des Workshops unterschiedliche Zeitqualitäten am Werk. Während für die einen der richtige Moment gekommen war, um sich auf die Übungen einzulassen, war die Zeit für die anderen noch nicht reif. Das zeigt, dass nicht nur globale, für alle geltende Zeitqualitäten am Werk sind, wie die großen Zeitströme, die großen Entwicklungen der Menschheit, sondern zugleich individuelle Zeitqualitäten unser Denken und Handeln bestimmen. Außerdem treten regionale und kontinentale Unterschiede in der Zeitqualität auf. Sehr augenfällig verdeutlichen lässt sich das wieder am Beispiel der Atomenergie. Während in Deutschland der Protest gegen die Kernenergie auf seinen Höhepunkt zusteuerte, ging der Ausbau der Atommeiler in Frankreich ohne Probleme vonstatten. Heute wird fast 80 Prozent der Stromversorgung in Frankreich durch Atomenergie gesichert. Damit liegt unser westlicher Nachbar in der Europäischen Union an der Spitze.

Betrachten wir die Entwicklung der Atomkraftbranche mit einem großen Abstand, so können wir davon ausgehen, dass ihre Zeitqualität hierzulande und anderswo noch bevorsteht. Warum? Die Stromversorgung durch fossile Energieträger geht unzweifelhaft ihrem Ende entgegen. Die Alternativen wie Wasserstoffenergie oder natürliche Energiequellen sind weder von ihrem Volumen noch von ihrer wirtschaftlichen Qualität so weit entwickelt, dass sie ein adäquater Ersatz für die Kernenergie sein können. Selbst wenn sie es irgendwann wären, muss berücksichtigt werden, dass sie dann vielleicht in eine neue Zeitqualität mit anderen Voraussetzungen eintreten, die eventuell nicht die ihre ist. Das heißt, um die Zeitqualität richtig zu beurteilen, müssen wir lernen abzuwarten, bis wir die Zeitverläufe erkennen können.

Dabei ist es nicht so, dass die Zeit eine absolute Größe ist, die wir einfach messen. Wir tun das zwar, indem wir auf die Uhr schauen und denken: Fünf Minuten sind vergangen, seitdem ich diesen Text gelesen habe. Das ist jedoch nur der Versuch, die Zeit zu objektivieren. Letztlich weiß jeder aus seiner persönlichen Erfahrung, dass sich die Zeit jeder Objektivierung entzieht.

Albert Einstein hat das einmal auf sehr anschauliche Weise in einem Bild dargestellt. Er sagte: "*Sitting on a hot oven makes five seconds to a long period. Sitting together with your beloved one makes five seconds to nothing.*" (Das Sitzen auf einem heißen Ofen lässt fünf Sekunden zur Ewigkeit werden. Beim Sitzen mit deinem Liebsten werden fünf Sekunden zu nichts.)

Die Erfahrung der Zeit hat also vor allem etwas mit unserer Bewertung der jeweiligen Situation zu tun. Entscheidend ist, wie wir die Dinge empfinden oder wie unsere Zielgruppen die Dinge empfinden. Das mag sich trivial anhören, dahinter steckt jedoch ein ganz grundsätzliches Phänomen: Unsere Zielgruppen tauchen nur in einer bestimmten Zeitqualität auf und verschwinden wieder in ihr. Genau das ist es, was den Markt so unberechenbar macht. Die Erfahrung, dass von zehn Marken, die eingeführt werden, im günstigsten Fall zwei überleben, oder von 20 Kampagnen nur eine wirklich erfolgreich wird, macht deutlich, dass es gar nicht so einfach ist, die Befindlichkeit unserer Zielgruppen richtig einzuschätzen.

All das ist eigentlich nichts anderes als die Erfahrung der Veränderung, die wir nur in der Zeit erleben. Wenn wir die Zeitlosigkeit erfahren, beim Meditieren zum Beispiel, werden wir feststellen, dass sich gar nichts verändert – dass sich auch gar nichts mehr ändern muss. Erst in dem Moment, in dem wir wieder in die Spannung der Realität hineintreten, entwickelt sich die Zeit. Deswegen ist die Zeit in Wirklichkeit nur ein verlässlicher Gradmesser für das Ausmaß unseres Angespanntseins. Wir sagen: *Ich habe keine Zeit.* Wir meinen damit eigentlich: *Ich bin sehr unter Spannung*. Ich befinde mich nicht in der Zeitlosigkeit, sondern bin mit etwas vermeintlich sehr Wichtigem im Alltag beschäftigt – mir fehlt die Zeit für etwas anderes.

Erst in dem Moment, in dem wir uns zu 100 Prozent auf etwas einlassen und unsere Zeit darauf geben, blitzt die Erkenntnis von der Zeitlosigkeit in uns auf. Wir kennen das alle: Bei einer Tätigkeit, die uns voll und ganz in Anspruch nimmt, verlieren wir jedes Zeitgefühl. Dann wissen wir auf einmal nicht mehr, wie spät es geworden ist, und sind völlig überrascht, dass die Zeit schon so weit fortgeschritten ist. Das geschieht allein deswegen, weil wir das Zeitempfinden in diesem Moment überwunden haben.

Die Realität sieht jedoch meist anders aus. Zeit ist ein knappes Gut und die Marktforschung sollte sich daher künftig viel mehr darauf konzentrieren, die Zeitqualität der Zielgruppen zu ergründen. Am Beispiel der älter werdenden Generation wird das besonders deutlich. Leicht einzusehen ist, dass ein 65-Jähriger, der gerade pensioniert ist, einen völlig anderen Blick auf die Zeit wirft als ein 40-jähriger Manager. Und für den Rentner sind andere Dinge wichtig als für jemanden, der beruflich eingebunden ist.

Das sollte uns aber nicht dazu verleiten, unseren Mangel an Zeit allein auf die Berufstätigkeit zu schieben. Allzu oft habe ich Manager und andere Führungskräfte erlebt, die im Stress waren, die darüber stöhnten, dass sie keine Zeit hatten, weil sie zu viel arbeiten mussten. Allerdings: Hätte die Woche für sie neun und nicht sieben Tage gehabt, dann wären sie auch damit nicht ausgekommen. Es ist nicht so sehr eine Frage des vermeintlich objektiven Aufgaben- oder Arbeitspensums, sondern hier handelt es sich vor allem um eine subjektive Fixierung.

Vermutlich werden viele von Ihnen sagen, dass sie derart viele Aufgaben zu bewältigen haben, die im vorgesehenen Zeitrahmen einfach nicht zu schaffen sind. Das mag so aussehen und sieht vor allem deswegen so aus, weil Sie etwas akzeptieren, was von anderer Seite vorgegeben wurde und was offensichtlich nicht oder nicht in dieser Form Ihr Ding ist.

Der Schlüssel für die Zeiterfahrung liegt immer in der persönlichen Bewertung. Wenn jemand am Band steht und in einen bestimmten Takt eingebunden ist, kann er versuchen gegen diesen Takt zu arbeiten oder dem Takt hinterherzulaufen. Er kann jedoch auch versuchen sich auf den Takt einzulassen. Mit der Sich-auf-etwas-einlassen-Mentalität wird der Arbeiter am Band eher erkennen, dass Dinge zu einer gegebenen Zeit möglich oder eben unmöglich sind. Bestimmte Aufgaben können wir, egal wie viel Mühe wir uns geben und wie sehr wir uns engagieren, nicht lösen.

Um herauszufinden, ob das an mangelnder Anstrengung, den zu ambitionierten Vorgaben, unkooperativen Vorgesetzten oder an anderen Faktoren liegt, ist es wieder einmal unumgänglich, auf die Abstandsmethode zurückzugreifen. Blicken Sie mit Distanz auf das Problem! Distanz bedeutet, dass Sie nicht verwickelt und nicht betroffen sind, sondern sich von dem Problem entfernen und dieses loslassen, um es in seiner Objektivität wirken zu lassen. Zur Erfahrung und zum Ermessen der Zeitqualität in solchen Situationen gehört auch, dass Sie warten können und nicht sofort reagieren. Setzen Sie sich nicht unter Zeitdruck, sondern versuchen Sie losgelöst von der Zeit mit Ruhe und Weitblick zu erkennen, was sich gerade entwickelt und welche Rolle Sie darin spielen. Denn: Alles, was geschieht, folgt dem Prinzip sich zu optimieren, wie ich bereits eingangs des zweiten Kapitels erläutert habe. Daher ist es Zeit- und Kraftverschwendung, eine bestimmte Entwicklung erzwingen oder gegen eine bestimmte Phase im Leben anarbeiten zu wollen. Sinn macht nur, sich auf die Situation einzulassen – einzulassen auf das, was da an Zeit gerade fließt.

Dagegen könnte man einwenden: Wer sich zu viel Zeit lasse, um Abstand zu wahren und abzuwarten, der könne seine täglichen Aufgaben nicht wahrnehmen, der sei nicht lebenstüchtig und werde seine Geschäfte nicht erfolgreich führen. Die Praxis beweist das Gegenteil: Wer sich ab und zu unabhängig von der Zeit macht und die Dinge aus der Entfernung betrachtet, wird feststellen, dass er die „vorhandene" Zeit effektiver nutzt und die Leistungsfähigkeit steigert. Es ist nämlich keineswegs so, dass wir uns durch Abstand aus dem Lauf der Dinge auskoppeln, sondern vielmehr erhalten wir erst dadurch das Know-how, uns richtig in den Fluss der Dinge begeben zu können. Wir verschwenden unsere Zeit nicht mehr dafür, ständig gegen Widerstände anzukämpfen, sondern nutzen sie wie die Energie beim Judo, indem wir sie kanalisieren und in die richtige Richtung lenken. Das erfordert allerdings, dass wir uns klare Zeitprioritäten setzen.

Der Begriff Zeitmanagement, wie er heute verstanden wird, hilft uns dabei nicht unbedingt weiter. Damit wird versucht, den Alltag eines Menschen in kleine Häppchen aufzuteilen und in einen starren Rhythmus zu pressen. Der Mensch soll demnach wie ein Uhrwerk funktionieren, dem Kreativität und Flexibilität bekanntlich fremd sind. In der Wirtschaft kann das nicht des Rätsels Lösung sein. Ganz ohne Planung der verfügbaren Zeiten geht es jedoch auch nicht. Allerdings verstehe ich unter Planung nicht, sich den Tag mit beruflichen Aufgaben voll zu stopfen und diese nach Zeitplan abzuarbeiten. Vielmehr sollten wir uns bewusst zeitliche Freiräume schaffen, in denen nichts geschieht, in denen wir Abstand zum Alltäglichen gewinnen – so können sich die Dinge in den anderen Zeiträumen umso intensiver und präziser entwickeln. Christopher Vasey hat das in seinem lesenswerten Buch über die Zeit „...Und sie steht doch still" auf den Punkt gebracht: *„Diese Ausrichtung auf die Uhrzeit hatte unglücklicherweise zur Folge, dass es wichtiger wurde, etwas getan zu haben, als es zu tun."*

Sie werden sehen: Die Arbeit geht leichter von der Hand und nimmt an Qualität zu, wenn die Schwingung zwischen engagierter Zeit und Muße, zwischen Tun und Lassen in einen vernünftigen und angemessenen Rhythmus gebracht wird. Dass das nicht von heute auf morgen geschehen kann, sondern seine Zeit braucht, macht diese japanische Zen-Geschichte deutlich:

> *Ein junger Mann, der sich zum Ziel gesetzt hatte, die Kunst des Schwertkampfes zu erlernen, begab sich zum berühmtesten Meister seiner Zeit und sagte, dass er bei ihm in die Lehre gehen wolle. Der Meister lehnte sofort ab, aber der junge Mann war hartnäckig. Er wolle auf jeden Fall bei ihm lernen, denn er sei der Beste und er müsse die Kunst beim Besten lernen – nur das würde für ihn Sinn machen. Er wurde erneut abgewiesen. Die Zeit war noch nicht reif. Und trotzdem kam er wieder und immer wieder und versprach, sich allen Hindernissen zu unterwerfen, die der Meister ihm in den Weg stelle. Schließlich sagte der Meister: „Gut, du*

kannst bei mir anfangen, glaub jedoch nicht, dass das einfach wird. Du musst alles tun, was ich dir sage."

Der junge Mann trat also in die Dienste des Meisters und das, was er tat und tun sollte, war, den Haushalt in Ordnung zu bringen: Holz hacken, die Küche sauber halten, das Haus fegen, einkaufen. Alles Arbeiten, die alltäglich waren und mit dem Schwert nichts zu tun hatten. Und so ging das nicht nur ein, sondern zwei und drei Jahre. Der junge Mann wurde immer trauriger. Er befürchtete, in der falschen Zeit zu sein. Aber plötzlich veränderte sich etwas.

Der Meister schlich sich bei allen möglichen Gelegenheiten an ihn heran und schlug ihn unvermittelt mit einem Stock auf den Rücken und zwischen die Beine. Die Ereignisse häuften sich und immer wieder tauchte der Meister plötzlich auf, gab ihm einen Schlag und verschwand. So lernte der junge Mann, dass diese Schläge völlig unvermittelt kamen, und stellte sich darauf ein, indem er aufmerksamer und wacher wurde. Nachdem er auf diese Weise allmählich immer mehr Präsenz gezeigt hatte, führte ihn der Meister endlich in die Kunst des Schwertkampfes ein. Der Überlieferung nach ist der junge Mann einer der besten Schwertkünstler Japans geworden.

Ein besonderes Merkmal der Zeitphase, in der wir gerade leben, ist die Ungeduld der Menschen, ihr Wunsch, alles sofort verfügbar zu haben. Die Unternehmen beantworten dies mit einem „Twentyfour-seven"-Angebot – soll heißen, sie sind sieben Tage pro Woche präsent und liefern jedes Produkt rund um die Uhr. Die Folge davon ist, dass wir die Qualität der

Zeit kaum noch erleben können. Nichtsdestotrotz ist das 24-Stunden-Service-Denken Realität und daher macht es keinen Sinn, sich dagegen aufzulehnen oder moralisch den Finger zu heben. Die Frage ist eigentlich nur, wie ich als Mensch im Beruf damit umgehe. Welchen Nutzen könnte ich sogar daraus ziehen und wie kann ich die Besonderheit dieser Zeit gestaltend einsetzen?

Die meisten Menschen begegnen dem Phänomen, indem sie sich noch mehr Mühe geben, noch mehr arbeiten und versuchen ihr Pensum immer schneller zu bewältigen. Paul Watzlawick, der angesehene Psychologe aus Wien, der heute in Kalifornien lebt, beschreibt die Mühen, denen sich die Menschen in unserer Zeit aussetzen, mit einfachen Worten und etwas spöttisch: *„Sie versuchen immer wieder ‚more of the same' – und sie werden scheitern."* Er hat Recht. Mit noch mehr Anstrengung lassen sich Probleme nicht aus dem Weg räumen. Im Gegenteil: Wir müssen erfahren, dass die Probleme dadurch höchstens verwickelter und die Lösungen nachlässiger werden.

Was wir benötigen, sind keine eindimensionalen, sondern kreative Lösungen, und diese brauchen Zeit – nicht einfach mengenmäßig, vielmehr verlangen sie nach einer bestimmten Qualität von Zeit. Jeder weiß: Wer sich befreit vom Leistungs- und Zeitdruck konzentriert ans Werk machen kann und sich ganz und gar auf dieses einlässt, dem erscheint die Lösung häufig wie von selbst. Sie entsteht eben nicht durch intensives, heftiges und zwanghaftes Nachdenken, sie entsteht nicht, indem ich mich besonders anstrenge, und sie entsteht auch nicht, indem viele Menschen sich besonders anstrengen. Eine kreative Lösung wird dann geboren, wenn das freie Spiel des Geistes sie zulässt. Deswegen ist es so wichtig, dass in den Unternehmen „gesponnen" wird, dass dort Verrücktheiten gedacht werden und der Phantasie freien Lauf gelassen wird. Beim zwanglosen, spielerischen Umgang kommen diese kreativen Kräfte plötzlich ans Tageslicht, im eingeengten Blickwinkel des täglichen Lebens allerdings bleiben sie allzu oft unentdeckt am Wegesrand liegen.

Dass es nicht einfach ist, aus der Anstrengungslosigkeit heraus Ideen zu verwirklichen, wusste bereits Lao Tse, der seine Lehren vor mehr als 2500 Jahren in dem Weisheitsbuch Tao Te King niedergeschrieben hat:

Das Allerweichste der Welt
bezwingt das Allerhärteste der Welt,
daran erkenne ich den Wert des Nicht-Tuns.
Lehren ohne Worte,
wirken ohne tun,
nur wenige erreichen es in der Welt.

Übungen

Problemlösungen lassen sich, aus einem unverbrauchten Zeitwinkel betrachtet, meist leichter finden. Folgende Übungen werden Ihnen einen Eindruck davon vermitteln, was damit gemeint ist, sich aus der Abhängigkeit der Zeit zu befreien und die Dinge dadurch neu zu betrachten.

1. Diese Übung ist ganz einfach: Suchen Sie sich einen ruhigen Ort, klinken Sie sich eine Minute lang aus dem Alltag aus und halten Sie inne. Grübeln Sie in dieser Zeit nicht über Ihre Probleme, sondern denken Sie an nichts oder

versuchen Sie das zumindest. Lassen Sie den Alltag los. Seien Sie einfach nur da, spüren Sie den Augenblick und beobachten Sie, was geschieht. Lassen Sie alles geschehen – ohne einzugreifen und ohne sich aufzuregen.

Diese Eine-Minute-Meditation gönnen Sie sich am besten zwei- bis fünfmal am Tag. Sollten Sie nun denken, dass Sie dafür keine Zeit haben, dass Sie rund um die Uhr eingespannt sind, dann entgegne ich Ihnen: Gehen Sie zur Toilette – dort haben Sie die Minute. Und zweimal täglich zur Toilette zu gehen, das ist nichts Ungewöhnliches. Das wird jeder Führungskraft und jedem Manager zugestanden.

2

Suchen Sie sich für diese Übung ein Problem Ihrer Wahl, eine Aufgabe, die sehr schwierig ist und für die Sie ad hoc keine Lösung parat haben. Stellen Sie sich jetzt vor, dass Sie das Problem einem Außerirdischen schildern. Wie würde er die Aufgabe angehen? Was würde ihm dazu einfallen und was wäre das Bemerkenswerteste für ihn daran? Denken Sie darüber nach und lassen Sie Ihre Überlegungen einige Minuten lang auf sich wirken. Findet der Außerirdische eine Lösung? Natürlich können Sie die Übung auch machen, indem Sie das Projekt einem Kind erklären.

3

Die dritte Übung wird wahrscheinlich die schwierigste für Sie sein: Legen Sie einmal einen Tag lang – in der Woche oder am Wochenende – Ihre Uhr zur Seite. Sie werden feststellen, dass Sie eine innere Uhr besitzen, die sehr viel besser funktioniert als die äußere. Diese innere Uhr signalisiert uns nämlich, in welcher Qualität der Zeit wir uns gerade befinden. Sind wir gerade hoch konzentriert und könnten die Probleme dieser Welt lösen oder sind wir müde und brauchen einfach nur Schlaf?

Es geht bei dieser Übung darum, die bei den meisten Menschen verloren gegangene Erfahrung neu zu machen, etwas ohne Zeitdruck zu tun. Die Aufgabe ist, etwas einfach um seiner selbst willen zu machen – nicht um es erledigen zu wollen. Dazu ist es notwendig, zunächst einmal staunend zu sehen, wie selten das der Fall ist. Wenn wir unterwegs sind, reisen wir nicht, sondern wollen ans Ziel kommen. Wenn wir telefonieren, wollen wir nicht mit dem Gegenüber sprechen, sondern zum Ergebnis kommen. Wenn wir nach getaner Arbeit beim Rotwein angekommen sind, genießen wir nicht den Wein, sondern wollen uns entspannen. Diese Verwechslung von Tun und Ziel führt, nebenbei gesagt, die meisten Manager zum Alkoholismus.

Damit Sie das Ticken Ihrer inneren Uhr wieder wahrnehmen, empfehle ich Ihnen, diese Entdeckungsreise zu den eigenen Verhaltensmustern zur regelmäßigen Übung werden zu lassen.

IV

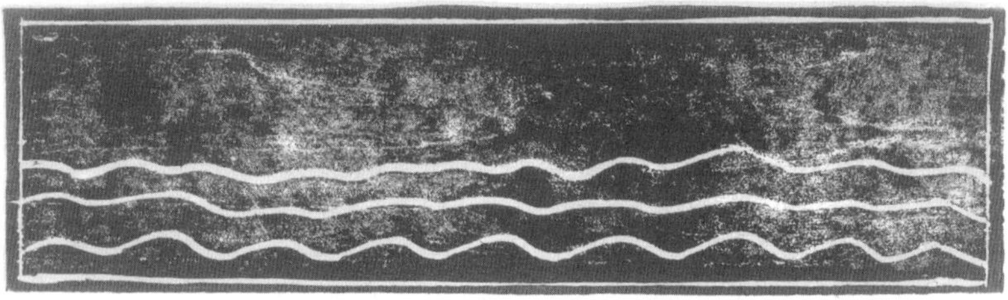

Will man etwas fangen, muss man es zunächst loslassen.

CHINESISCHES STRATEGEM NR. 12

Mit Visionen und auf Umwegen zum Ziel

Es gibt kein Management-Handbuch, in dem die Bedeutung der Ziele für das unternehmerische Handeln nicht in höchsten Tönen gelobt wird. Das ist leicht einsehbar, denn gemeinsames Handeln funktioniert nur mit einer Zielorientierung. Was für Unternehmen gilt, trifft auch auf unser eigenes Leben zu: Wir alle streben einem Karriere-, einem Berufs- oder einem Lebensziel entgegen. Viele Menschen meinen, dass diese Ziele zunächst möglichst präzise definiert werden müssen, damit eine clevere Strategie entwickelt werden kann, um sie später zu erreichen. Klingt logisch, allerdings ist das Gegenteil der Fall: Je exakter ich ein Ziel beschreibe, umso mehr verirre ich mich im Dschungel der Details. Folgende Zen-Geschichte drückt genau das aus:

> *Ein Zen-Schüler ging zu seinem Lehrer und fragte ihn: „Muss ich mich eigentlich erst verlaufen, bevor ich mein Ziel finde?" Der Lehrer sagte: „Seitdem ich kein Ziel mehr habe, verlaufe ich mich nicht mehr."*

Die Prozesse des Lebens, ebenso wie in der Wirtschaft, lassen sich eben nicht eins zu eins zusammenzählen, so dass wir zum Schluss sicher und genau bei einer Zielsumme ankommen. Sie folgen nicht nur den Gesetzen der Logik, vielmehr verbergen sich hinter ihnen unendlich viele kreative Vorgänge. Eine Zielorientierung kann also schnell dazu führen, dass das, was angestrebt wurde, gerade nicht erreicht wird. Wer sich die vielen Pläne, Denkmodelle und Strategiepapiere, die in Unternehmen ausgearbeitet wurden, einmal näher anschaut und verfolgt, was daraus geworden ist, wird den Beweis dafür leicht finden. Ich selbst habe in unserer Agentur an unendlichen Bergen von Konzeptionen mit Zielvorgaben und Zielvorstellungen mitgearbeitet, wohl wissend oder ahnend, dass diese niemals in dieser Form verwirklicht werden können. Trotz solcher Erkenntnis haben wir die unheilbare und unstillbare Sehnsucht danach, Ziele und die Wege, die zu ihnen führen, genau zu definieren. Dass wir deswegen dort ankommen, wo wir hinwollen, bleibt eine Illusion. Die Realität belehrt uns eines Besseren: Detaillierte, präzise und starre Definitionen bieten schöpferischen Ideen keinen Raum.

Lassen Sie mich das am Beispiel eines Flusses verdeutlichen. Jeder Fluss trägt ein Ziel in sich: die Mündung. Allerdings orientiert er sich nicht in der Weise darauf, dass er sinnbildlich sagt: A*ha, dort muss ich hin!* Er steuert also nicht auf direktem Wege sein Ziel an – das wäre auch viel zu anstrengend. Vielmehr trägt er die Sehnsucht nach der Mündung, nach dem Meer in einem tieferen Sinne in sich, ohne dass er sich den genauen Weg dorthin vorher überlegt, geschweige denn das konkrete Ziel vor Augen hätte. Trotzdem wird er mit der ihm zur Verfügung stehenden Energie unaufhaltsam der Mündung entgegenströmen. Kraftvoll und clever baut er sich sein Bett, umfließt Berge, schlängelt sich durch Täler und gräbt sich diese selbst, wenn sie nicht vorhanden sind. Das Symbol des Flusses veranschaulicht, dass es nicht so sehr darauf ankommt, genaue Ziele zu haben und diese auf einem vorher bestimmten Weg direkt anzusteuern, sondern dass die Vision uns den Weg weist. Der französische Schriftsteller Antoine de Saint Exupery (1900 - 1944) hat das einmal wunderbar ausgedrückt: *„Wenn du möchtest, dass die Menschen Schiffe bauen, erkläre ihnen nicht im Detail, wie das funktioniert, wie man das macht mit Handwerkszeug und Holz und*

Gerät, sondern lehre sie die Sehnsucht nach der Weite des Meeres."

Wann immer wir eine Vision haben – das heißt eine grobe Vorstellung, eine Ahnung von dem, wie unsere Ziele aussehen könnten –, gilt: Die Vision lässt sich leichter verwirklichen als ein genau definiertes Ziel. Warum ist das so? Beim Zusteuern auf ein konkretes Ziel verbrauchen wir viel Energie. Diese hat die Eigenschaft, dass sie Gegenenergie erzeugt. Sie kennen das: Je mehr Druck Sie auf etwas ausüben, desto mehr Widerstand tritt Ihnen entgegen. Wer diese Tatsache ignoriert und versucht, ein Ziel angeblich energiesparend zu erreichen, indem er den direkten Weg nimmt, handelt unklug. Der Gegendruck wird so groß sein, dass er dadurch eventuell gar nicht, zu spät oder völlig ausgelaugt an sein Ziel kommt. Der Fluss ist schlauer: Seiner Sehnsucht folgend lässt er sich, wenn notwendig, auf Umwegen treiben. Er fließt dort, wo er gerade am besten vorankommt, wo das Gestein weich ist und wo es bergab geht – dennoch strebt er unaufhaltsam der Mündung zu. Diese Kunst, das Ziel ohne Kraftaufwand, sich treiben lassend und scheinbar mühelos zu erreichen, drücken die chinesischen Silben *wu wei* aus, die so viel bedeuten wie „absichtslose Absichtslosigkeit" oder: konzentriert, aber ohne Anstrengung sein.

Anstatt stur auf ein Ziel loszumarschieren und dabei mit viel Energieleistung Wände einzurennen, sollten wir uns ein Beispiel an dem Fluss nehmen und die Umstände und die Qualität in der Zeit berücksichtigen. Das geht jedoch nur, wenn dem Ziel die Starrheit genommen wird, die durch die oben beschriebene konkrete und detaillierte Definition entsteht. Erst dann besteht die Möglichkeit, das Ziel zu variieren, es an die tatsächlichen Gegebenheiten anzupassen und zu tun, was in der Welt, in der wir leben, gerade machbar und am einfachsten zu erreichen ist. Wenn der Druck wegfällt, an einem bestimmten Ziel unbedingt ankommen zu müssen, verschwinden die Widerstände automatisch, die sich ihm in den Weg stellen. Dafür müssen wir allerdings lernen loszulassen und uns von vorgefassten Konzepten und Denkmustern befreien.

Ich will Ihnen das Prinzip an einem konkreten Beispiel erklären. In Düsseldorf sollte auf der Prachtmeile, der Königsallee, eine luxuriöse Einkaufspassage gebaut werden: die „Kö Galerie“. Gegen dieses Vorhaben regten sich, wie immer bei solchen Großprojekten, Widerstand und Skepsis. Der Investor ließ sich nicht beirren und errichtete das Luxusbauwerk wie geplant. Unsere Agentur wurde damit beauftragt, das Kommunikationskonzept für die Einkaufspassage zu entwickeln. Damit verbunden war der ausdrückliche Wunsch des Auftraggebers, der eher einer Forderung glich, mit der „Kö Galerie“ ins Fernsehen zu kommen – allerdings wollte er sich nicht im Werbeblock wiederfinden, sondern die Galerie im Rahmen einer redaktionellen TV-Sendung präsentieren. Nun können Sie sich sicher vorstellen, wie schwer es ist, eine Einkaufspassage im Fernsehen zu platzieren. Aus diesem Grund haben wir unserem Kunden sofort gesagt, dass er sich dieses Ziel aus dem Kopf schlagen müsse. Der Auftraggeber ließ indes nicht locker. Wir standen vor einem Dilemma: Wir wussten, dass das Ziel nicht zu erreichen war, der Kunde aber bestand darauf.

Das Wunder geschah in dem Moment, in dem wir resignierten und aufhörten, den Widerspruch zwischen Zielvorgabe einerseits und dem Wissen um seine Nicht-Erreichbarkeit andererseits krampfhaft beseitigen zu wollen. Die Lösung kam dann wie von selbst: Die Redaktion von „Mittwochs in…“ wollte die nächste Sendung direkt aus dem damals neuesten Düsseldorfer Luxuskonsumtempel, der „Kö Galerie“, ausstrahlen. Der Redakteur der Sendung war ebenso begeistert von dem Vorhaben wie der Kunde. Dieses Beispiel zeigt eindrücklich, dass wir manchmal schneller erreichen, was wir wollen, wenn wir das Ziel loslassen, und nicht, indem wir angespannt, verbissen und starr nach einer Lösung suchen.

Wir können also loslassen und offensichtlich trotzdem dabei sein. Dieses Loslassen ist kein Indiz für Gleichgültigkeit dem Problem gegenüber. Es ist alternatives „Tool", also ein Instrument in der Werkzeugkiste unserer Problemlösungsstrategien.

Warum wir das direkte Ziel ruhig einmal aus den Augen verlieren sollten, zeigt auch folgende Geschichte: Ein kleines Kind spielt mit einem Papierboot an einem Teich. Das Boot treibt auf das Wasser hinaus und das Kind versucht das Schiff wiederzuholen, indem es mit den Händen in das Wasser hineinpatscht. Dabei entstehen viele Wellen, die das Schiff immer weiter wegtreiben. Dieses Beispiel macht deutlich: In dem Moment, wo wir versuchen, das Ziel auf dem scheinbar einfachsten und direkten Weg zu erreichen, erzeugen wir Wellen oder Energie – mit dem Ergebnis, dass das Ziel noch weiter in die Ferne rückt. Leichter und wirkungsvoller wäre es in diesem Fall, abzuwarten. Entweder treibt der Wind das Boot wieder in die Richtung des Kindes oder dem Kind fällt in der Zeit des Verweilens etwas Besseres ein, wie es das Boot zurückholen kann.

Das Gleiche gilt im Geschäftsleben. Nur wenn ich nicht direkt auf das Ziel lossteuere, sondern abwarte, gebe ich mir die Zeit dafür, die ich brauche, um einen neuen, einzigartigen Weg zu finden, auf dem ich mein Ziel erreiche. Und das geschieht eben nicht durch tiefgründiges Grübeln oder durch schnelleres Laufen, durch intensiveres Bemühen oder durch viele Sitzungen, sondern es passiert, weil ich alles zulasse. Dazu eine alte Zen-Geschichte aus Japan:

Ein Mönch wurde von seinem Abt beauftragt, einen Brief zu einem weit entfernten Kloster zu bringen. Der junge Mann machte sich auf den Weg und kam dabei zu einer Brücke, an der ein Samurai stand. Dieser Samurai war in der Vergangenheit beleidigt worden und hatte sich aus Rache geschworen, mit den ersten hundert Menschen auf Leben und Tod zu kämpfen. Der Mönch, der gerade vorbeikam, war der 100ste, der zum Kampf aufgefordert wurde. 99 hatte der Samurai schon besiegt. Der Mönch sagte: „Es tut mir leid, ich muss diesen Brief erst zu dem anderen Kloster bringen. Danach komme ich aber ganz bestimmt zurück."

Nun war es damals noch so, dass solchen Worten Glauben geschenkt werden konnte. Der Samurai überlegte nicht lange und erwiderte: „Gut. Ich warte hier auf dich." Der Mönch zog also los und brachte den Brief zum Abt in das andere Kloster. Er erzählte diesem von der Begebenheit und sagte, dass er nun zurückgehen müsste, um mit dem Samurai zu kämpfen. Er, der doch keine Ahnung hätte vom Schwertkampf.

„Ja, du bist wohl dem Tode geweiht", sagte der Abt, „den Samurai kannst du nicht besiegen. Wenn du nun aber schon chancenlos bist, dann solltest du als Mönch wenigstens in Würde sterben. Du stellst dich also hin, nimmst dein Schwert und hältst es wie zum ersten Schlag bereit hoch über deinen Kopf. Danach wartest du ab und solltest du fühlen, wie etwas Kaltes den Scheitelpunkt deines Kopfes berührt, dann weißt du: Das ist das Schwert des Samurais, das dich durchschneidet."

Gesagt, getan. Der junge Mönch ging zurück zur Brücke. Der Samurai drückte ihm sogleich ein Schwert in die Hand. Sie stellten sich in der vorgeschriebenen Position vis-a-vis auf und hoben das Schwert. Der Mönch tat das in der Gewissheit, dass sein letztes

Stündlein geschlagen hatte, und wollte dieses letzte Gefecht in Würde über sich ergehen lassen. Er stand also da, völlig gelassen, das Schwert hoch über seinem Kopf, und wartete, dass sein Gegenüber zuschlug. Das hatte der Samurai noch nicht erlebt: dass jemand sich nicht wehrte, nicht anfing verzweifelt zu kämpfen, sondern es einfach geschehen ließ. Er sah, wie der Mönch dastand, ganz in sich versunken, ganz still, ganz gelassen, und er konnte es nicht fassen. Schließlich fing der Samurai an zu zittern, weil er dachte, eine magische Kraft wäre am Werk. Er ließ sich so erweichen und überzeugen, dass er vor dem Mönch niederkniete und sagte: „Du hast mich besiegt, ich möchte dein Schüler sein." Er ließ das Schwert fallen und bat den Mönch unter Tränen um Vergebung.

Wie können die theoretischen Erkenntnisse dieses Kapitels nun in die alltägliche Praxis eines Unternehmens einfließen? Ist es immer gut, ohne vorgefasste Strategien zu arbeiten und einfach darauf zu warten, wie sich alles entwickelt? Sollen wir ab sofort gar nichts mehr planen? Die Antworten auf diese Fragen lassen sich an einem konkreten Beispiel veranschaulichen: In unserer Agentur bildeten sich zwischen den Partnern stets zwei Lager. Die einen wollten die Vorgaben für die nächsten fünf Jahre präzise als Planungsmodell aufschreiben. Die anderen wollten gar keine Vorgaben akzeptieren, sondern einfach nur erfolgreich arbeiten. Sehr schnell stellte sich heraus, dass sowohl die einen, die Planer, als auch die anderen, die Macher, Recht hatten. Sie werden sich sicherlich fragen, wie das zusammenpasst. Ganz einfach: Beide Fraktionen hatten Recht, weil einerseits eine gute Planung als Basis für gemeinsames Handeln notwendig ist. Andererseits darf diese nicht starr sein. Sie sollte bei einer sich verändernden Situation schnell angepasst werden können. Wenn eine solche Flexibilität und Freiheit nicht gegeben sind, also keine visionären Prozesse abseits der Vorgaben zugelassen werden, dann machen wir uns zum Sklaven unserer Planung, was ständig Energien zum Widerstand heraufbeschwört. Jeder kennt das aus eigener Erfahrung: Bei einer sehr eng gefassten Aufgabe ist die innere Abwehr, diese auszuführen, besonders groß. Dagegen stellt eine Aufgabe, die viele Freiräume und Gestaltungsmöglichkeiten lässt, eine positive Herausforderung dar. Dadurch motiviert wird sie meist besser und mit mehr Aussicht auf Erfolg gelöst.

Bei uns in der Agentur haben wir das Problem „Starre Vorgaben contra freies Arbeiten" gelöst, indem wir zwar einen Fünf-Jahres-Plan aufgestellt haben, diesen aber lediglich als grobe Orientierung ansahen. Es stellte sich dann sehr schnell heraus, dass sich dieser Plan bereits im ersten Jahr seiner Entstehung (übrigens positiv) überholt hatte. Hätten wir stur an den Vorgaben festgehalten, hätten wir sicherlich an der sich stetig wandelnden Realität vorbeigearbeitet. So wie in der sozialistischen Planwirtschaft, in der Betriebe nach vorgesteckten Zielen allzu oft am Bedarf vorbeiproduziert haben. Die Planwirtschaft hat durch ihr Scheitern den besten Beweis dafür geliefert, wie unsinnig und chancenlos eine eng geführte Zielorientierung sein kann. Nur wenn in der Zielsetzung Freiräume zugelassen werden, entsteht Raum für kreative Prozesse und die Aussicht auf Erfolg bringendes Handeln. Nur offene Zielvorstellungen bieten uns genügend Freiraum, um auf geänderte Rahmenbedingungen reagieren zu können. Dabei ist auch eine Vision nicht völlig ziel- oder planlos. Ihr Vorteil liegt darin, dass sie viele Zielpunkte mit ähnlichen Inhalten nebeneinander gelten lässt. Auf diese Weise kann offen gehalten werden, welchen der vielen möglichen Zielpunkte wir auswählen, weil er sich zum guten Schluss als der richtige erweist. Demgegenüber ist es fatal, geschieht aber in der

Wirtschaft leider allzu oft, dass konkrete Ziele anvisiert werden, die sich in dieser Form letztlich als die falschen herausstellen – vergleichbar mit einem lange gehegten Wunsch, bei dem wir, wenn er nach Jahren in Erfüllung geht, manchmal feststellen: *So habe ich mir das nicht gedacht. So war das eigentlich nicht gemeint.*

Was für Unternehmen gilt, trifft auch auf das Privatleben zu. Menschen, die ihr Leben präzise planen, die jedes Jahr zur gleichen Zeit zum gleichen Ort in den Urlaub fahren, die auf Altbewährtes und nicht auf Veränderung setzen, sind meist wenig kreativ. Sie organisieren ihren Alltag so, dass er ihnen sicher und berechenbar erscheint. Vielleicht wollen sie dadurch ihr Sterben möglichst hinausschieben. In Wirklichkeit geschieht das Gegenteil: Sie sterben langsam, noch während sie leben.

Übungen

An Zielen starr festzuhalten und sie direkt anzusteuern ist in den meisten Fällen der falsche Weg. Er führt nur selten zum Erfolg. Überzeugen Sie sich selbst davon, indem Sie die folgenden Übungen machen.

1

Hat mein Leben eine Richtung, ein Ziel oder ist es eine Kette von Zufälligkeiten? Denken Sie bitte zunächst einmal über diese Frage nach, ohne die folgenden Zeilen zu lesen.

Ist Ihnen eine Antwort eingefallen? Wenn Sie der Meinung sind, dass Ihr Leben aus einer Verkettung von Zufällen besteht, dann klappen

Sie das Buch zu. Sie sind schon glücklich und können alles geschehen lassen, wie es geschieht. Wenn Sie allerdings antworten: Das Ziel des Lebens ist das Sterben so wie das Ziel des Flusses die Mündung ist, dann ist das faktisch korrekt. Schon stellt sich die nächste Frage: Wollen Sie dieses Ziel Ihres Lebens möglichst schnell und auf direktem Wege erreichen?

Wenn Sie nicht lebensmüde sind, beantworten Sie diese Frage gewiss mit „nein". Indes: Welche Auswirkungen hat das auf Ihr Handeln? Um auf das Ziel Ihres Lebens, das Sterben, nicht geradewegs zuzusteuern, wie Sie es mit so vielen anderen Zielen machen, müssen Sie sich etwas einfallen lassen. Sie werden es links liegen lassen, ja, Sie werden sogar das Gegenteil von dem tun, was das Ziel von Ihnen verlangt: Sie werden leben. Sie werden sich Wünsche erfüllen und Visionen entwickeln. Sie werden laufen, lachen und neues Leben schenken. Und irgendwann werden Sie mit einer Fülle an Lebenserfahrung im Gepäck unvermeidlich vor Ihrem Ziel stehen, ohne dass Sie es je bewusst angesteuert hätten.

2

Stellen Sie sich ein berufliches oder privates Ziel vor, das Sie unbedingt erreichen wollen. Überlegen Sie nun, wie Sie sich verhalten müssen, damit Sie auf *gar keinen Fall* zu diesem Ziel gelangen. Denken Sie sich möglichst viele Aktivitäten und Strategien aus, wie Sie dieses Ziel nicht erreichen.

Diese Übung dient dazu, die eigene Perspektive zu erweitern, die Dinge also einmal von einer ganz anderen, ungewohnten Seite zu betrachten. Aus einem konträren Blickwinkel ergeben sich nicht selten neue Einsichten und Ideen, die nützlich sein können, um leichter und schneller ans Ziel zu kommen als auf dem herkömmlichen Weg der direkten Zielorientierung.

3

In dieser Übung sollen Sie eine Vision – also eine grobe Zielvorstellung und kein konkretes Ziel – für einen Tag entwickeln. Was ist Ihre Vision für diesen Tag? Welche Qualität soll er Ihrer Meinung nach haben? Am besten machen Sie die Übung morgens früh. Sie können sie jedoch im Prinzip auch zu jeder anderen Stunde ausführen. Sie müssen auch nicht eine Vision für einen Tag erstellen, sondern Sie können dies für einen Monat, für ein Jahr oder ein ganzes Leben tun.

Zweck dieser Übung ist es, zu erkennen, dass die weit gefasste Vision Erfolg versprechender ist als das konkrete Ziel. Nun könnten Sie einwenden: *Ein Ziel, welches nicht präzise definiert ist, kann auch nicht erreicht werden.* Im Prinzip stimmt das, allerdings geht es nicht darum, etwas auf Teufel komm raus zu erreichen, nur weil wir es vorher so festgelegt haben, sondern es geht darum, das *Richtige* zu erreichen.

V

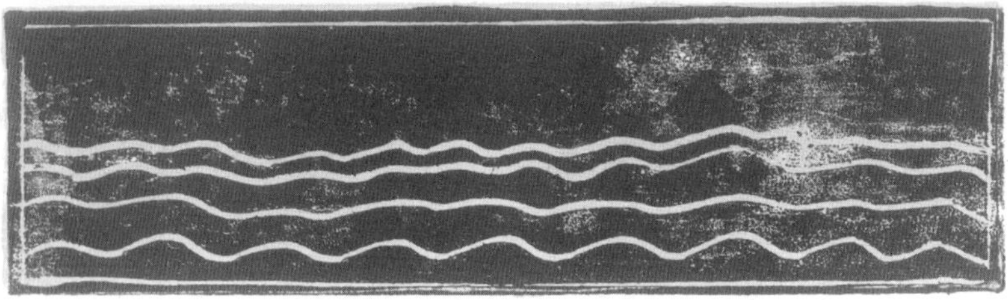

Work is love made visible.

KAHLIL GIBRAN
1883 - 1931

Wie Liebe die Kreativität steigert

Wenn wir weit gefasste Zielvorstellungen – also Visionen und keine konkreten Ziele – entwickeln, stellt sich immer die Frage, ob wir sie auch durchsetzen können. Lassen sich Vorgesetzte, Mitarbeiter oder Geschäftspartner auf diese „weichen" Vorgaben ein? Läuft ein solches Vorgehen dem Mechanismus der Wirtschaft nicht völlig zuwider, die doch darauf aus ist, möglichst viel Planungssicherheit zu schaffen, und die das, was sie sich vornimmt, auch erreichen will? Der Trend, alles und jedes zu „evaluieren", gehört ebenfalls zur Kategorie Sehnsucht nach Sicherheit.

Andererseits sind Zweifel angebracht, ob sich Vorgänge überhaupt präzise vorhersagen lassen. Wer kennt nicht die Fülle von Fehlprognosen in der Produkt- und Unternehmensplanung, die letztlich vielen Managern den Kopf kostet? Dahinter steht die Erfahrung, dass fast immer versteckte Wünsche und Ziele die offizielle strategische Planung konterkarieren. Ein Beispiel, das inzwischen Wirtschaftsgeschichte ist, kann das verdeutlichen: Der Dortmunder Stahlkonzern Hoesch stand in den 1980er Jahren vor einer existenziellen Krise, ausgelöst durch den Strukturwandel der ganzen Branche. Erst mit dem neuen Vorstandsvorsitzenden Detlev Carsten Rohwedder schien die Wende möglich. Unsere Agentur hatte die Aufgabe, den Vorstand und die Konzernkommunikation bei diesem „Change"-Prozess zu begleiten. Es war eine spannende Aufgabe, gemeinsam mit einem ideenreichen Vorstandsvorsitzenden aus einem alten Stahlriesen eine moderne, erfolgreiche Firma zu machen.

Die mehr oder weniger unausgesprochene Devise, die mit der Umstrukturierung und Diversifikation angetrieben wurde, hieß: *weg vom Stahl*. Stahl galt als altmodisches Produkt ohne rechte Zukunft. Öfter hatte ich Gelegenheit, mit Rohwedder darüber zu sprechen. Wir waren uns nicht sehr einig. Ich hielt die Abwendung vom Stahl im Hinblick auf die Identität des Unternehmens für einen gravierenden Fehler. 100 Jahre Stahltradition lassen sich nicht einfach ausradieren. Mein Vorschlag war, dem Stahl durch Modernisierung eine Chance zu geben. Rohwedder dagegen hasste Stahl. Er war für ihn ein Synonym für die alte Zeit; ein so unmodernes Produkt konnte einem Top-Manager nicht zur Ehre gereichen. Die ersten Jahre gaben ihm Recht. Hoesch war nicht wieder zu erkennen: neue Business-Units, moderne Verwaltung, Reduktion des Stahlanteils, Diversifikation. Um es kurz zu machen: Am Ende hat das Unternehmen den radikalen Wandel seiner Identität nicht überlebt. Zunächst kam die Fusion mit der niederländischen Hoogovens, dann die Fusion mit Krupp und schließlich Thyssen-Krupp – Hoesch war nun endgültig verschwunden. Wer die Kernkompetenz eines Unternehmens nicht liebt, blockiert dessen Herz. Die Deutsche Bank hat das unter Rolf E. Breuer mit dem Versuch „weg mit den Privatkunden" erlebt. Radikale Identitätswandel sind in solchen Fällen wie Herztransplantationen, nämlich extrem riskant.

Dahinter steckt natürlich eine viel dramatischere Erkenntnis. Wenn du dein Business und deine Kunden nicht liebst, ist – im übertragenen Sinne – die Gefahr des unternehmerischen Herzinfarktes groß. Jeder Wandlungsprozess ist letztlich nichts anderes als ein Versuch, Spannung abzubauen. Spannung entsteht durch Gegensätzlichkeit. Wenn wir also die Gegensätzlichkeit vermindern, dann nimmt die Spannung ab und wir kommen so zur Lösung des Problems. Wie wird nun Gegensätzlichkeit am leichtesten überwunden? Erst wenn wir die andere Seite, den anderen Pol, kennen und verstehen, ja sogar lieben, bestehen gute Chancen, Kongruenz herzustellen. Erstaunlicherweise können wir unsere Durchsetzungsfähigkeit erheblich steigern, indem wir Mitgefühl zeigen. Das Wort Mitgefühl hat aber einen wenig attraktiven, weil karitativen Beigeschmack und die meisten Menschen denken, dass es in der harten, vom Verstand bestimmten Welt der Wirtschaft nichts zu suchen hat. Mit Mitgefühl ist in diesem Zusammenhang allerdings nicht das Mitleiden gemeint, sondern das, was wir gemeinhin Empathie nennen: die Fähigkeit, sich in andere hineinzuversetzen. Wir fühlen uns ein in unser Gegenüber, in die Mitarbeiter, in unsere Konkurrenten und in unsere Zielgruppen. Wir versuchen auf diese Weise zu ergründen, was diese wirklich empfinden und anstreben. Ein solcher Weg eröffnet uns neue Sichtweisen und wir erhalten wesentliche Erkenntnisse darüber, ob und wie sich Ziele gemeinsam (!) durchsetzen lassen.

Dieses Prinzip gilt nicht nur für unser Miteinander als Personen, es hätte auch bei Hoesch gegolten. Wer sein Unternehmen liebt, die Mitarbeiter, die Kunden und sogar den Wettbewerb, der macht es sich leichter, Erfolg zu haben – weil Liebe Widerstand reduziert. Das heißt nicht, dass dann alles von selbst geschieht, es entsteht allerdings eine Form von Engagement, die wir von der Kunst her kennen. Dass die Kunst des Managements nicht kalt sein muss, lässt sich am Beispiel der Architektur entdecken. Die Objekte der wirklich kreativen Architekten sind eben nicht nur funktional auf dem Bildschirm konstruiert worden, sondern sie wurden „von der anderen Seite" her entwickelt. Wie das geht, hat der international anerkannte und ausgezeichnete italienische Architekt Renzo Piano gesagt.

Es ist ein mühsames Geduldsspiel
bis zu dem Moment,
wo sich alles einem Ganzen fügt:

die Dinge, die bereits existieren,
die Erinnerung
und die Suche nach Neuem.

Dass Mitgefühl eine der wichtigsten Eigenschaften ist, die wir uns im Leben aneignen können, zeigt eine Geschichte, die bezeichnenderweise nicht aus unserer rationalisierten westlichen Welt stammt, sondern aus dem Osten.

Zwei Mönche sind zu Fuß auf einer Straße unterwegs. Es hat stark geregnet, der Boden ist aufgeweicht und morastig. An einer Kreuzung steht ein junges, schönes Mädchen und traut sich nicht, die völlig verschlammte Straße zu überqueren. Kurz entschlossen hebt einer der Mönche das Mädchen hoch und trägt es hinüber zur anderen Seite.

Schweigend setzen die Mönche ihren Weg fort und am Abend sagt der andere Mönch vorwurfsvoll: „Wie konntest du nur gegen alle Regeln unseres Ordens verstoßen? Wir dürfen Frauen nicht ansehen, geschweige denn auf den Arm nehmen und sie tragen." Da sieht ihn der eine überrascht an und entgegnet ihm: „Ich habe das Mädchen auf der anderen Seite der Straße abgesetzt. Du trägst es offensichtlich immer noch mit dir herum."

Die Geschichte macht deutlich, dass uns die Fähigkeit zum spontanen sozialen Handeln – auch gegen jede Konvention – einer spirituellen Erfahrung näher bringt. Erstaunlicherweise lässt sich diese Erkenntnis auch auf die Wirtschaft übertragen: Fehlt das Mitgefühl, ist der Blick auf das Wesentliche und damit der Weg zum Unternehmenserfolg versperrt. Das Instrument des Mitfühlens einzusetzen, um die Durchsetzungsfähigkeit von Zielvorstellungen in Unternehmen zu steigern, ist neu. Mit ihm treten wir in eine ganz andere Zeitqualität des Managements ein. Früher war das Management geprägt vom Funktionieren. Der Paradigmenwechsel wird in den vergleichenden Studien der Düsseldorfer Identity Foundation eindrucksvoll belegt. Hier wurden die Wertvorstellungen von Top-Managern der traditionellen Wirtschaft, das heißt der Generation, die vor oder während des Zweiten Weltkriegs geboren wurde, verglichen mit denjenigen von jüngeren Top-Managern aus der so genannten New Economy. Während die ältere Manager-Generation noch voll in den preußischen Tugenden wie Pflichtbewusstsein, Verantwortung und Stärke verhaftet ist, zeichnet sich bei den jüngeren Managern der Wunsch ab, neben allem beruflichen Engagement auch die andere Seite, das Leben und Genießen also, nicht zu vergessen.

Das Funktionieren im Management nach altem Maßstab bedeutet, die aufgestellten Ziele möglichst präzise zu erreichen. Das ist natürlich eine berechtigte Forderung. Um nicht missverstanden zu werden: Wenn Sie mit dem Auto von Hamburg nach Venedig fahren, müssen Sie eine präzise Zielvorgabe machen. Wenn die Umsetzung, wie in den ersten Tagen der Navigationsgeräte üblich, aber rein mechanisch erfolgt, werden Sie sich auf der Fahrt vermutlich nur Ärger einhandeln – im Stau, bei Umleitungen und mit dem Wetter. Hinter der konventionellen, rein funktionalen Vorgehensweise steht das inzwischen veraltete mechanistische Weltbild, das von der Idee geprägt ist, das ganze Leben wie ein Uhrwerk ticken zu lassen. Angestrebt wurde damit, die Natur und alle unsere Prozesse verlässlich zu machen, ihnen die Unberechenbarkeiten zu nehmen. Was in der Theorie perfekt klingt, bereitet in der Praxis allerdings einiges Kopfzerbrechen. Das Auftreten von Fehlern und das Nichterreichen von Zielen wird trotz Vollautomatisierung unserer Produktion nicht verhindert. Jeder von uns kennt sicherlich Beispiele dafür und hat mindestens einmal in seinem Leben die Erfahrung gemacht, dass sich ein nagelneuer Fernseher, Computer, CD-Player oder eine andere Errungenschaft der Technik nach dem Kauf als funktionsuntüchtig herausstellte.

Wenn es nun unrealistisch ist, selbst in einer verwissenschaftlichten Techniker-Welt 100-prozentige Präzision von den Dingen zu verlangen – warum klammert sich das Management dann so hartnäckig an diese Vorstellung bei ungleich komplexeren Vorgängen wie der Führung von Mitarbeitern oder im Marktgeschehen? Vermutlich steckt dahinter die Angst, sich auf Neues, Unberechenbares einstellen zu müssen – die Furcht vor unkontrollierbaren kreativen Prozessen. In der Tat: Das neue Denken in weiten Zielvorstellungen ist nicht ziel-, sondern prozessorientiert und verlangt nach Flexibilität. Die Fähigkeit, ein konkretes Ziel durchzusetzen, steht dabei nicht im Mittelpunkt, vielmehr werden hier die jedem Vorgang inhärenten Selbstregulierungskräfte genutzt. Ein Top-Manager aus der Wirtschaft hat das einmal so ausgedrückt: *„Was wir im Management brauchen, sind Regel- und Steuerungsenergien, nicht so sehr Antriebsenergien."* Wenn wir uns darauf konzentrieren, an den richtigen Stellen Impulse zu geben, um dadurch sanft regulierend in Prozesse einzugreifen, die wiederum weitere Prozesse in Gang setzen, erreichen wir mit minimalem Energieeinsatz ein Maximum an Wirkung. Einen Vorgang präzise von vorne bis hinten durchzuplanen und durchzusetzen ist dagegen mit einem riesigen Energieaufwand verbunden, der, wie wir oben bereits gesehen haben und im nächsten Beispiel ebenfalls erfahren werden, nicht einmal zum Erfolg führen muss.

Jeder kennt die Evakuierungspläne, die in Hotels aushängen und die meist schwer verständliche, sehr lange Anweisungen darüber enthalten, wie sich die Menschen im Ernstfall zu verhalten haben. Tritt der Notfall ein, sind diese Pläne wahrscheinlich weniger wert als das Papier, auf dem sie geschrieben wurden – nämlich gar nichts. Anstatt an die Selbstorganisationskräfte der Menschen zu appellieren, werden komplizierte, starre Regeln aufgestellt, die – wenn Menschen in Panik geraten – kaum hilfreich sind. Solche Pläne sind eher dazu geeignet, denjenigen ein gutes Gefühl zu geben, die sie entwickelt haben, und weniger denjenigen, die sie eigentlich betreffen. Das zeigt uns wieder, dass sich Dinge nur dann durchsetzen lassen, wenn die Interessen der Menschen berücksichtigt werden, um die es geht.

Soll ein System durchsetzungsfähig sein, darf es also nicht starr, sondern es muss offen und variabel sein und sich den äußeren Bedingungen entsprechend anpassen können. Übertragen auf Prozesse in Unternehmen bedeutet das, diese durch positive Impulse zu steuern und nicht zu bestimmen. Führungskräfte haben daher die vordringliche Aufgabe, ihre Mitarbeiter zu motivieren und deren Potenziale zu aktivieren. Sie zu gängeln und in ein Korsett zu zwängen, das bringt meistens nur kurzfristige Erfolge – und daran klammern sich alle Deterministen. Langfristig passiert das Gegenteil: Während das Gängeln Widerstand auslöst und kreative Vorgänge bremst oder unterdrückt, setzt Motivation inhärente Kräfte, also kreatives Potenzial frei. Wie wichtig es ist, sich dabei in die Köpfe der Mitarbeiter hineinzuversetzen – womit wir wieder bei dem Punkt Empathie angekommen sind –, zeigt dieses Beispiel: Ein amerikanischer Pharmaziekonzern wollte seine Tochtergesellschaft in Süddeutschland schließen. In guter amerikanischer Manier stellte sich das Management vor, den Angestellten diesen Entschluss ohne weitere Erklärungen einfach zu verkünden und dann, als wäre nichts gewesen, nach Hause zu fahren. Es war nicht leicht, sie davon zu überzeugen, intelligenter vorzugehen. Intelligenter bedeutete in diesem Fall, sich bei der Schließung einerseits an die deutsche Gesetzgebung zu halten, was eigentlich selbstverständlich sein sollte, es in der Praxis jedoch häufig nicht ist, und andererseits auf die Interessen der Mitarbeiter einzugehen. Und siehe da: In der entscheidenden Betriebsversammlung, in der den Angestellten der Plan zur Schließung des Werkes verkündet wurde, endete der Auftritt des deutschen Repräsentanten mit Applaus. Es war ihm offensichtlich gelungen, den scheinbar unüberbrückbaren Interessenkonflikt zwischen den deutschen Mitarbeitern und der amerikanischen Geschäftsleitung zu überwinden. Er hatte den Spagat geschafft, sich sowohl in die Herzen und in die Empfindungen der Angestellten einzufühlen als auch die Notwendigkeit der Unternehmensschließung glaubhaft zu vermitteln.

Gelungen ist dieses Vorhaben vor allem deswegen, weil er das Gegenteil von dem getan hat, was von ihm erwartet wurde: Er hat das Denken der Mitarbeiter, die als Verlierer aus der Betriebsschließung herausgehen würden, in den Mittelpunkt gerückt und nicht nur die Argumente des Unternehmens dargelegt. Eine solche unübliche Form der Sichtweise, in diesem Fall das Sich-in-den-anderen-Hineinversetzen, ist ein Beispiel dafür, wie ungewöhnliche Ideen unerwartete Perspektiven eröffnen, durch die selbst aussichtslose Prozesse und scheinbar unüberbrückbare Gegensätze durchsetzungsfähig werden können. Das ist das Geheimnis des neuen Denkens im Management! Das Schwimmen gegen den Strom, also die Verwirklichung verrückter, nie da gewesener Ideen, ist dabei ausdrücklich erwünscht. Columbus, der einen neuen Weg nach Indien suchte und den Einfall hatte, nicht nach Osten, sondern nach Westen zu segeln, hat es vorgemacht. Die Idee war für die damalige Zeit völlig abwegig, hat Europa jedoch zu einer bahnbrechenden Entdeckung geführt, nämlich der Amerikas. Diese paradoxe Erfahrung des Columbus ist ein so schönes Beispiel für laterales Denken, dass es hier noch einmal wiederholt wird.

Zugegeben, es ist sicherlich leichter, diese neue Form des Denkens und Handelns in einem überschaubaren Agenturbetrieb als in einem Großunternehmen durchzusetzen und durchzuhalten. Unmöglich ist es allerdings nicht. Viele erfolgreiche Konzerne fördern gerade die Mitarbeiter, die verrückte Einfälle haben und nicht bedingungslos konform gehen mit den Ideen, die ihre Vorgesetzten durchsetzen wollen. Auf ein Beispiel stoßen wir in der Automobilbranche: Swatch-Chef Nicolas Hayek mit der Erfindung des Kleinwagens Smart. Der Smart konnte nicht bei Daimler Benz erfunden werden. Das war in dem durchstrukturierten Konzern, der sich mit seinen Luxuskarossen nur im Premium-Preis-Segment bewegte, damals nicht möglich. Erst als der wirtschaftliche Druck auf die Company zu groß wurde und neue Marktsegmente erschlossen werden mussten, flirtete man mit dem Schweizer Uhrenkönig und bildete ein Joint Venture. Heute ist die Firma MCC, die den Smart baut, eine 100-prozentige Tochter des Daimler-Chrysler-Konzerns – allerdings fährt der Kleinwagen nach wie vor ohne Stern.

Die ungewöhnliche Idee, die der ursprünglichen Firmenphilosophie von Daimler als Luxuswagen-Hersteller völlig zuwiderlief, hat sich schließlich doch ihren Weg gebahnt. Ähnlich wie Wasser, das an sich ein sehr weiches Medium ist, aber gemessen an anderen Schneidemitteln eine immense Kraft und im übertragenen Sinne eine außergewöhnlich große Durchsetzungsfähigkeit besitzt. Wir erkennen daran: Durch die Bündelung von vielen weichen Kräften kann etwas sehr Scharfes, Starkes entstehen. Lao Tse drückt das im Tao Te King so aus:

Das Weiche bezwingt das Harte,
das Schwache bezwingt das Starke.
Das Tao ist ewig ohne tun,
doch nichts bleibt ungetan.

Aus den Gegensätzen entspringt die Fülle, aus der Stille die Kraft der Entfaltung und aus dem Lärm die Lautlosigkeit

– das ist die Idee, die hinter dem Taoismus steckt und die die Welt voranbringt.

Übungen

Die Übungen in diesem Kapitel zeigen Ihnen, wie Sie damit umgehen, wenn Ziele einmal nicht durchgesetzt werden können, was bei der Durchsetzungsfähigkeit hinderlich ist und wie wichtig es ist, sich in andere hineinzuversetzen, um Ziele gemeinsam mit ihnen zu erreichen.

1

Stellen Sie sich ein Ziel vor, das Sie unbedingt erreichen wollen oder müssen, etwas, das Ihnen besonders wichtig ist – im Beruf oder im Privatleben.

Der erste Teil der Übung besteht darin, sich zu überlegen, was schlimmstenfalls passieren könnte, wenn Sie nicht zum Ziel kommen würden? Was wäre die Folge? Malen Sie sich diese Situation in den katastrophalsten Farben aus. In Teil zwei der Übung sollen Sie herausfinden, was positiv daran wäre, Ihr Ziel nicht zu erreichen. Suchen Sie etwas Gutes in dieser an sich schrecklichen Situation. Überlegen Sie so lange, bis Ihnen etwas einfällt. Sie werden sehen, wenn Sie nur lange genug nachdenken, werden Sie jeder auf den ersten Blick noch so misslichen Lage mindestens einen positiven Aspekt abgewinnen können. Ein solcher kann zum Beispiel sein, dass Sie ohne Erlangen des Ziels mehr Zeit haben, entspannter sind oder sich einer anderen Aufgabe widmen können, die Sie ebenfalls schon lange im Kopf haben. Vielleicht stellen Sie zum Schluss sogar fest, dass es sich gar nicht lohnt, zu versuchen Ihr Ziel durchzusetzen, weil die andere Aufgabe eine viel größere Herausforderung darstellt.

2

Wann haben Sie sich zum letzten Mal geärgert? Vielleicht gerade eben hier über einen Text in diesem Buch? Oder vorher? Denken Sie an ein beliebiges Ereignis, bei dem Sie so richtig wütend waren. Das muss nichts Bedeutendes sein. Überlegen Sie sich, ob der Ärger Ihnen etwas Positives beschert hat. Hat er Sie der Durchsetzung des Ziels, dass dieses ärgerliche Ereignis in Zukunft nicht mehr eintreten wird, in irgendeiner Weise näher gebracht? Macht es überhaupt Sinn, sich zu ärgern?

3

Wenn Sie als Führungskraft im Beruf vor einer größeren Aufgabe stehen, sind Sie immer auf Menschen angewiesen, die an deren Lösung mitarbeiten. Würden sich die Problemlösungen wohl unterscheiden – je nachdem, ob Sie die Menschen liebevoll mit Freundlichkeit in Ihrem Herzen oder emotionslos als Instrumente oder gar als Feinde betrachten und behandeln? Überlegen Sie sich eine Antwort.

Stellen Sie sich danach eine konkrete Aufgabe vor und versuchen Sie die an deren Lösung beteiligten Personen – egal ob Zielgruppen, Gegner oder Verbündete – mit ganz viel

Freundlichkeit und Wohlwollen zu bedenken und sie als Teil von Ihnen, als Teil des Problemlösungsprozesses zu sehen. Erkennen Sie, wie auf einmal eine neue Idee der Vorgehensweise aus diesem Gedanken erwächst?

VI

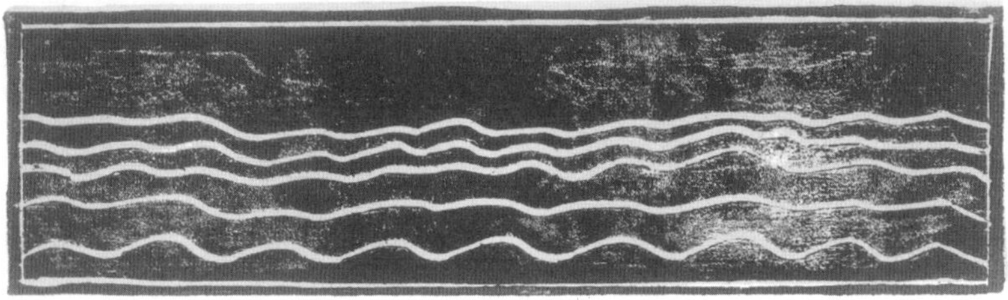

… dass die Furcht zu irren, schon die Furcht selber ist.

GEORG WILHELM FRIEDRICH HEGEL
1770 - 1831

Ängste überwinden heißt, entspannt zu sein

Kürzlich hatte ich die Aufgabe, als Moderator einen kirchlichen Veränderungsprozess zu begleiten. Es ging bei dieser Veranstaltung darum, die Gemeindestrukturen so umzugestalten, dass sie einerseits den tatsächlichen Kapazitäten der Priester gerecht wurden und andererseits die sinkenden Kirchensteuereinnahmen kompensiert werden konnten. Um Betreuungs- und Verwaltungskosten zu senken, war die Fusion von kleineren Kirchengemeinden geplant. Mit einem solchen Vorgehen liegt die Kirche wirtschaftlich gesehen voll im Trend, denn es ist typisch für unsere Zeit, dass Unternehmen, die auf Strukturen, Organisation und Konformismus setzen, sich zu größeren zusammenschließen. Die Zusammenlegung von Kirchengemeinden entspricht also dem Zeitgeist der Wirtschaft und hätte daher auch von der Unternehmensberatung McKinsey ausgearbeitet worden sein können – vielleicht war sie das sogar.

Nun stellt sich die Frage, warum es en vogue ist, immer größere Strukturen zu schaffen. Betrachten wir die Situation wieder aus der Vogelperspektive, also mit großem Abstand, erkennen wir sehr schnell, dass es sich bei den Zusammenschlüssen nur selten um mutige Taten von Managern handelt, sondern meist Verzweiflung und Angst am Werk sind. Insbesondere die Furcht unterzugehen, von den Großen geschluckt oder vernichtet zu werden, ist die Triebkraft für solche Aktionen. Dann doch lieber auf Augenhöhe verhandeln – und das, obwohl bekannt ist, wie selten jemand aus solchen Fusionen als Gewinner hervorgeht. Denn: Bei den Zusammenschlüssen werden getrennt gewachsene Strukturen vereint, die in der Mehrzahl der Fälle nicht zusammenpassen. Und so ist es kaum verwunderlich, dass im Zeitalter der Fusionen bereits ein neuer, dem entgegenstehender Trend eingesetzt hat: Viele Großunternehmen haben begonnen, ihre großen Einheiten auf kleinere, überschaubare zurückzuführen.

Angesichts dieser Entwicklung müssen wir uns die Frage stellen, warum die Angst vor dem Untergang des Unternehmens – oft die entscheidende Triebkraft für die Fusionswelle – immer noch derart groß ist. Schauen wir uns dafür diejenigen genauer an, die die Entscheidungen in den Betrieben treffen: die Top-Manager. Warum wird jemand Top-Manager? Sie werden vielleicht antworten, weil er so ehrgeizig sei und einen großen Führungswillen habe. Das ist aber nur die halbe Wahrheit. Hinter dem Streben nach Entscheidungsmacht steckt häufig die Hoffnung, damit die Angst vor dem persönlichen Untergang zu überwinden. Ich kann das aus eigener Erfahrung bestätigen. Der Wunsch, sich nach oben zu arbeiten, gründet in der Illusion, dadurch mehr Sicherheit zu erlangen – und je größer das Unternehmen ist, desto sicherer scheint demzufolge die eigene Existenz zu sein. Dieses Denken spiegelt sich auch in der Meinung vieler Arbeiter und Angestellter wider: „Ich gehe lieber zu einem großen Betrieb, da ist mein Arbeitsplatz sicherer." Dass diese Überlegungen den tatsächlichen Gegebenheiten nicht standhalten – und wenn doch, dass sie dann häufig mit einem hohen Preis, nämlich dem der Stupidität, bezahlt werden –, sehen viele Menschen erst zu spät. Die Angst unterzugehen hat ihnen den Blick verstellt.

Woher kommt diese große Furcht? Warum hat sie vom normalen Angestellten bis zum Top-Manager jeden im Griff? Ihr Ursprung ist die übermächtige Angst vor dem Sterben. Dominiert sie uns so sehr, dass wir uns zu ihrem Sklaven machen, sind wir nicht mehr Herr der Lage. Wir können die Dinge nicht mehr mit dem nötigen Abstand betrachten und entsprechend auf sie reagieren.

Die Vorderseite der Medaille Angst ist die Erstarrung, ihre Rückseite ist die Gier. Genau davon handelt das folgende Beispiel: Vor einigen Jahren erhielt unsere Agentur den Auftrag, das Konzept eines großen griechischen Schifffahrtsunternehmens zu kommunizieren. Dieses war dabei, zu diversifizieren, das heißt, der Betrieb wollte seine Angebotspalette erweitern. Wir wurden dabei Zeuge einer ziemlich unglückseligen Entwicklung. Bis dato verdiente die Reederei mit Tankschiffen und Transport-Containern ihr Geld. Nun meinte der Reeder, im Tourismus das Geschäft der Zukunft ausgemacht zu haben. Er ließ also zwei Kreuzfahrtschiffe bauen und richtete eine riesige Ferienanlage am Mittelmeer ein. Eine Unternehmung, die Millionen verschlang. Unter Kommunikationsaspekten war das Vorhaben natürlich eine wunderbare Aufgabe, ein Thema, das in den Medien bestens lief und große Akzeptanz fand. Es erfreute sich auch bei vielen Mitarbeitern der Agentur immenser Beliebtheit, weil es um Reisen, Kreuzfahrten, Mittelmeerurlaub und all solche Annehmlichkeiten ging, die mit dem beruflichen Einsatz verbunden werden konnten. Doch der Traum platzte: Nach drei bis vier Jahren zeigte sich, dass die Expansion der Reederei nicht von Erfolg gekrönt sein sollte. Das vermeintliche Millionengeschäft stellte sich als Millionenverlust heraus.

Warum? Hatte sich der Reeder nicht genügend über die Marktsituation informiert? War die Entscheidung für die Tourismusbranche etwa einer wenig klugen unternehmerischen Sicht entsprungen und welche Ursache verbarg sich dahinter? Der Wunsch des Reeders, größer als Onassis zu werden, war wohl die heimliche Antriebskraft für das Vorhaben. Deshalb war die Idee der Expansion zum Scheitern verurteilt. Sie entstand nicht in der entspannten Atmosphäre eines Gewinners, sondern in einem Klima der Gier. Indes ist die Gier bekanntlich ein ziemlich schlechter Ratgeber, obwohl wir ihr auf Schritt und Tritt begegnen: Sie verbirgt ihr Antlitz hinter vielen pseudo-objektiven Motiven wie Gewinnerwartung, Diversifikation, Fusion und Take-over. Dies alles sind Metaphern, Bilder und Worthülsen, die den unbändigen Trieb nach mehr Macht und Geld tarnen sollen.

So wie diese Motive die Gier überdecken, verbirgt auch die Gier selbst etwas ganz Entscheidendes. In ihr steckt der Wunsch nach Unverletzlichkeit und damit die Angst um die eigene Existenz. Diese wird jedem von uns in die Wiege gelegt. Kaum, dass wir auf der Welt sind, befinden wir uns unentwegt in der Gefahr unterzugehen: als Kind noch in der völligen Abhängigkeit zu den Eltern, als Jugendlicher unseren eigenen Weg suchend und schließlich als selbstständiger Erwachsener. Während dieser Entwicklung erhoffen wir uns, immer mehr Herr über die eigenen Ängste zu werden. Dabei wissen wir bewusst oder unbewusst, dies ist nicht der Fall. Unser Überleben organisieren wir eben nicht allein, für uns selbst und unabhängig, sondern wir hängen von der Geburt bis zum Tod am Tropf eines größeren Systems.

Das ganze Leben ist nun der Versuch, dieses größere System zu unseren Gunsten zu bewegen, es nach unserer Pfeife tanzen zu lassen. Dafür soll die Wirklichkeit berechenbar gemacht und auf Zahlen und Daten reduziert werden. Das spiegelt sich in aufwendigen Gutachten, Prognosen, Untersuchungen und Studien wider, die von Analysten, Strategen und Unternehmensberatern wie McKinsey, Bain und Bosten Consulting ausgearbeitet werden. Die Ergebnisse liefern uns nicht selten das, was wir gerne hätten, und weil die Zukunft dadurch so schön kalkulierbar und einfach erscheint, vertrauen wir auf sie und wähnen uns in Sicherheit. Damit sind wir unserem Ziel, den eigenen Untergang abzuwenden, vordergründig ein großes Stück näher gekommen. Leider ist das eine Illusion, die von der Wirklichkeit meist schnell eingeholt wird: Die weitaus größte Zahl all dieser Untersuchungen, Analysen, Studien, Gutachten und Prognosen halten den tatsächlichen Gegebenheiten nicht lange stand. Sind sie also überflüssig, teure Makulatur gewissermaßen? Nicht unbedingt, denn sie können als Präferenzebene und als Diskussionsforum wichtig sein, sind jedoch niemals alleinige Grundlage für Entscheidungen und niemals Ersatz für eine intuitive Entscheidung.

Natürlich sind intuitive Entscheidungen auch nicht immer richtig – sie sind es nur dann, wenn sie frei von Angst getroffen werden. Nun haben wir oben gesehen, wie wir zumal die Angst vor dem eigenen Untergang mit Hilfe der Gier nach immer Größerem und mit Statistiken permanent zu verbergen oder zu überwinden versuchen. Verschwinden wird sie dadurch allerdings nicht. Besteht überhaupt eine Möglichkeit, sich dieser Angst zu entledigen, um intuitive Entscheidungen treffen zu können? Die Antwort ist eindeutig: Es gibt keinen Weg, sie loszuwerden, weil sie zum Menschsein und zum Leben dazugehört. Mehr noch: Sie gehört nicht nur dazu, als warnende Antenne ist sie sogar überlebensnotwendig. Sie ist das Instrument, das uns meldet, wenn Gefahr im Verzuge ist. Allerdings sind wir ihr deswegen nicht hoffnungslos ausgeliefert. Wir müssen nur lernen, mit ihr umzugehen.

Das Problem mit der Angst ist nicht die Angst als bloße Erscheinung. Unser Problem ist, dass wir sie ständig in den Hintergrund drängen und sie erst dadurch ihre ganze destruktive Macht entfalten kann. Sie wird nicht mehr gezielt als nützliches Instrument eingesetzt, mit dem Gefahren angezeigt oder überwunden werden können. Vielmehr beherrscht sie alle wesentlichen Situationen des Lebens, gerade weil wir sie zu unterdrücken versuchen, und sie wird so zum alles dominierenden Handlungs- und Entscheidungskriterium. Wie sehr Angst dazu beiträgt, unsere Bereitschaft zur Selbsttäuschung zu erhöhen, verdeutlicht folgende Zen-Geschichte aus Korea:

Irgendwann in grauer Vorzeit befand sich ein koreanischer General mit seiner Heerschar in einem Feldzug. Dieser schien von vornherein zum Scheitern verurteilt, weil die gegnerische Streitmacht gewaltig war. Genauso übermächtig wie der Gegner war auch die Angst, die der Befehlshaber und seine Krieger vor dem drohenden Kampf hatten. Und so versammelte der General seine Führungsmannschaft um sich, besprach die Lage und entschied, das Schicksal zu befragen: „Es macht keinen Sinn, in diesen Kampf zu ziehen, wenn das Schicksal nicht auf unserer Seite ist.“

Das Schicksal wurde damals befragt, indem man Münzen warf. Der General nahm also eine Münze und sagte: „Wenn der Kopf nach oben zeigt, dann ist das Schicksal mit uns und wir kämpfen. Erscheint die andere Seite oben, dann ziehen wir uns zurück und geben das Gefecht auf.“

Die Münze wurde geworfen und alle blickten gespannt dem Ergebnis entgegen. Wie erhofft lag der Kopf oben. Das Schicksal war demnach mit der Heerschar. Ein großes Raunen ging durch die Reihen. Alle waren erleichtert. Auch wenn noch ein bisschen Angst mitschwang, überwog doch die Kampfeslust – konnte man sich der Hilfe des Schicksals, dieser starken Macht, jetzt sicher sein.

Des Generals Krieger zogen nach dieser Vorhersage selbstbewusst in den Kampf und das Wunder geschah tatsächlich: Die kleine Streitmacht besiegte den übermächtigen Gegner. In der Nacht der Siegesfeier, in der alle zusammensaßen, fragte ein Offizier den General: „Hätten Sie den Kampf wirklich abgebrochen, wenn die andere Seite der Münze oben gelegen hätte? Oder wären Sie nicht doch mit uns ins Gefecht gezogen?" Da nahm der General die Münze aus der Tasche und zeigte sie dem Offizier. Der Kopf lag oben, und nachdem er sie umgedreht hatte, kam ein weiterer Kopf zum Vorschein.

Aus dieser Geschichte können wir allerdings auch etwas anderes lernen. Angst lässt sich leichter überwinden, wenn zwei Voraussetzungen gegeben sind. Die erste ist die Entspannung. Die Heerschar hat sich in dem Moment entspannt, in dem sie die subjektive Gewissheit besaß, das Schicksal auf ihrer Seite zu haben. Gleichzeitig stiegen Zuversicht und Kampfeslust. Die zweite ist, nicht auf das Fremde zu hoffen, sondern Eigenverantwortung zu übernehmen – in diesem Fall das Schwert zu ergreifen und loszumarschieren. Letztlich ist das die Pointe der Geschichte: Wenn schon die Illusion, einen großen Verbündeten an der Seite zu haben, in der Lage ist, die Angst zu besiegen, wie viel mächtiger wird erst das Vertrauen auf die eigene Kraft sein? Die wichtigste Maßnahme gegen die Angst ist, sich von der Vorstellung zu lösen, etwas anderes oder andere würden das Leben für uns richten: Gott zum Beispiel, das Schicksal, die Eltern, der Vorgesetzte, die Mitarbeiter oder der Wettbewerb. Zu oft sind die anderen zuständig, sobald irgendetwas nicht gelingt. Mit diesem Denken wird die Angst nur noch geschürt, weil wir uns dadurch in Abhängigkeit begeben von Menschen, Situationen und Ereignissen, die wir nicht beeinflussen können. Das Einzige, auf das wir wirklich allein Einfluss haben, ist unser Denken. Darum liegt der Schlüssel zur Überwindung der Angst, wie so oft bei scheinbar unlösbaren Problemen, tief in uns selbst.

Um in unser Innerstes zu gelangen und bei der Konzentration auf uns selbst nicht von den Problemen des Alltags abgelenkt zu werden, müssen wir lernen, uns zu entspannen. Nur so sind wir fähig, uns ganz und gar auf uns selbst einzulassen und zu unserem Lebenskern zu finden. Ich bin der Meinung, einfache und wirkungsvolle Entspannungstechniken wie das autogene Training müssten bereits in der Grundschule gelehrt werden. Die Realität sieht dagegen umgekehrt aus: Anspannungsmethoden begegnen uns in den Zwängen des Alltags in Hülle und Fülle, während es mehr oder weniger dem Zufall überlassen bleibt, ob wir mit Entspannungstechniken irgendwann in unserem Leben überhaupt einmal in Berührung kommen. Ohne die Kunst der Entspannung zu beherrschen, fehlt uns ein wichtiges Instrument des Lernens, eine wundervolle Methode, die uns jeden Tag aufs Neue Kraft gibt, zu uns selbst zu finden und Entscheidungen ohne Angst zu treffen. Denn: Entspannung heißt weit werden, sich öffnen, frei sein im Denken und im Handeln. In dem Wort Angst dagegen steckt das Gegenteil: die Enge. Wenn wir eng sind, sind wir verkrampft, eingezwängt und zusammengenommen. Entspannungsmethoden führen uns aus dieser Enge und zugleich aus der Angst. Damit sind sie für das Leben im Allgemeinen und den Beruf im Besonderen von ungemeiner Bedeutung.

Vor diesem Hintergrund sollte die viel zitierte *Work-Life-Balance* nicht allein darin bestehen, sich nach einem stressigen, angespannten oder unausgefüllten Arbeitstag nur auf lustige Weise zu zerstreuen. Vielmehr sollten wir die arbeitsfreie Zeit mit der gleichen Wichtigkeit, mit der gleichen Hartnäckigkeit und mit der gleichen Zielgerichtetheit angehen wie die Zeit im Beruf. Die richtige Balance besteht also nicht darin, nach getanem Job ein Glas Wein zu trinken. Das mag ein bisschen helfen, entspannt jedoch letztlich nicht wirklich – damit mogeln wir uns lediglich um die Spannung herum. Umfassende Entspannung bedeutet, immer wieder neu zu sich selbst zu kommen, das Alltägliche und den Beruf loszulassen und sich auf das zu besinnen, was das Leben mit uns vorhat und was wir mit dem Leben vorhaben.

Übungen

Ein wichtiges Ziel in unserem Leben sollte sein, unsere Ohnmacht vor den Ängsten, die allzu leicht Oberhand über unsere Entscheidungen und Handlungen gewinnen, zu überwinden und sie nur dann zuzulassen, wenn sie uns nutzen können. Um dieses Ziel zu erreichen, müssen wir lernen, unserer Angst entspannt und bewusst zu begegnen. Folgende Übungen sollen Sie dabei inspirieren.

1

Ziehen Sie die Schultern nach oben und atmen Sie gleichzeitig tief ein. Atmen Sie danach mit geöffnetem Mund aus. Hauchen Sie dabei ein stimmloses *Ha* aus und lassen Sie die Schultern nach unten sinken. Wiederholen Sie die Übung langsam und konzentriert zwei- bis dreimal. Ich verspreche Ihnen: Danach sind Sie ein anderer Mensch, denn die Übung führt dazu, dass Sie Ihren momentanen Tonus, also Ihren Anspannungszustand, unterbrechen. Das hilft dem gesamten Organismus. Es entspannt nicht nur den Körper, auch der Psyche wird – wenn auch nur für einen kurzen Moment – bewusst, dass es einen Zustand gibt, in dem wir uns nicht in Daueranspannung befinden.

2

Trauen Sie sich zu, Ihrer eigenen Angst tief in die Augen zu blicken? Sind Sie bereit dafür, Ihre Angst zu entdecken, indem Sie sie nicht als etwas Böses, als Ihren Gegner ansehen und sie wie gewohnt verdrängen, sondern sie bewusst suchen? Finden Sie heraus, wovor Sie Angst haben! Vor dem Zahnarzt, dem Chef, der öffentlichen Rede, dem Leben, dem Partner? Haben Sie Angst zu versagen, nicht erfolgreich zu sein? Ist es die Angst, die Pflanzen im Garten könnten vertrocknen, oder treibt Sie das Schicksal der Welt um? Es gibt einen unendlich großen Pool von Ängsten, aus dem sich die Menschheit bedient. Unsere Aufgabe besteht darin, diese offen zu legen, sie herauszufischen aus ihrer Anonymität, ihrem Versteckstsein. Das hat einen guten Grund: Unentdeckte Ängste haben die fatale Wirkung eines Pulverfasses mit Zeitzünder, dessen Einstellung wir nicht kennen. Deshalb ist es besser, sich auf die Suche nach den eigenen Ängsten zu begeben. In dem Bestseller „Die Mäuse-Strategie für Manager" von Spencer Johnson wurde die Angst als Haupttriebfeder unseres Handelns entlarvt. Warum sollten wir nicht dazu stehen, Angst zu haben?

3

Glauben Sie, dass das Leben es schlecht oder gut mit Ihnen meint? Lassen Sie sich Zeit, um die Frage zu beantworten. Es ist eine grundsätzliche Frage, über die Sie meditieren könnten, die es lohnt, in die existenziellen Überlegungen des Tages, der Woche oder gar eines ganzen Lebens hineingenommen zu werden. Ganz gleich, zu welcher Antwort Sie kommen, fragen Sie weiter: Wer ist das eigentlich, der es mit mir gut oder schlecht meint? Was ist das eigentlich, was da etwas mit mir meint? Ist da überhaupt etwas? Ist da irgendeine Instanz, die etwas für mich vorsieht? Außerhalb von mir? Oder innerhalb von mir?

Das sind die Fragen des Lebens. Haben Sie Antworten darauf? Nein? Dann bleiben Sie dran! Täglich, wöchentlich und wenn nötig ein Leben lang.

VII

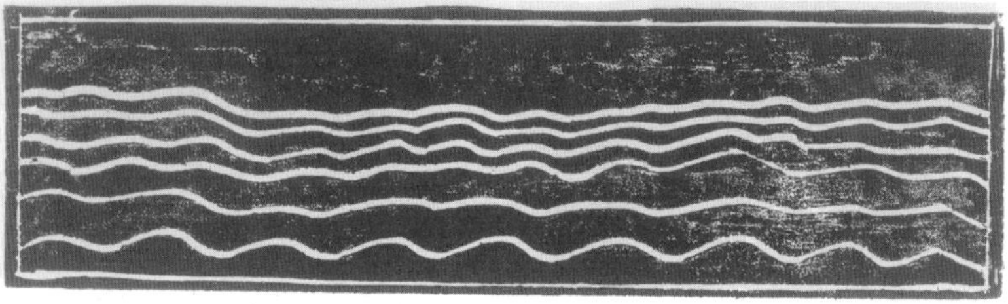

Nicht-Wissen einer Sache
ist das Haften am Wissen.
Ein Blitzschlag durchdringt
die Leere des Raums.

HUI-NENG
638 - 713

Der Erfolg hat zwei Namen: Individualität und Hierarchie

Was macht Firmen erfolgreich? Welche Kriterien müssen erfüllt sein, damit ein Unternehmen boomt, und was führt dazu, dass ein Betrieb untergeht? Diese Frage hat schon Generationen von Unternehmensberatern beschäftigt und sie die unterschiedlichsten Antworten darauf finden lassen. Unter anderem versucht man den Erfolgsrezepten von Betrieben mit der empirischen Methode auf die Spur zu kommen. Über die Befragung von Mitarbeitern und Managern soll herausgefunden werden, welche Eigenschaften und Wertvorstellungen im Unternehmen erfolgskritisch sind. Beispielsweise waren insbesondere die US-amerikanischen Firmen in den vergangenen 50 Jahren besonders erfolgreich. Das legt nahe, nach Kriterien zu suchen, die die Unternehmen der USA von denen anderer unterscheiden – oder, wie ich es ausdrücke: Welche Zeitqualität ist dafür verantwortlich, dass amerikanische Firmen eine solch günstige Konstellation vorfinden?

Zwei Aspekte, die für US-Firmen typisch sind, fallen dabei sofort ins Auge: einerseits ihre Vision von der Freiheit und Weite im Denken, die die treibende Kraft für kreative Prozesse ist, und andererseits ihre eher „militärischen" Befehlsstrukturen. Diese scheinbar gegensätzliche Paarung funktioniert in unserer Zeit zumindest aus betriebswirtschaftlicher Sicht offensichtlich hervorragend. Sie führt dazu, dass US-amerikanische Unternehmen eine Vielzahl von neuen innovativen Produktideen entwickeln, die sich dank der perfekt organisierten, hierarchisch strukturierten Unternehmensformen auf dem Markt bestens durchsetzen lassen und halten können. Von Untergang ist bei Firmen aus dem Land der unbegrenzten Möglichkeiten im Vergleich zu anderen Staaten daher nur relativ selten die Rede, wie die internationalen „Karrieren" von Coca Cola, IBM, Microsoft oder Procter & Gamble eindrucksvoll beweisen. Verständlicherweise neigen viele Manager dazu, sich die Erfolgsmuster dieser US-amerikanischen Vorzeigekonzerne unhinterfragt zu Eigen zu machen oder hier Anregungen für den eigenen Karriereweg zu holen.

Mit der schlichten Adaption von Erfolgskriterien für das eigene Unternehmen verhält es sich allerdings so wie mit einem Puzzle. Da gibt es Menschen mit einem speziellen Talent, die in Windeseile die kompliziertesten Einzelteile zu einem beeindruckenden Gesamtbild zusammensetzen. Hinterher stehen wir staunend davor und können kaum fassen, was da entstanden ist. Andere hingegen mühen sich tage-, nächte-, wochen- oder jahrelang ab und schaffen es nicht, ihre einzelnen Ziele und Gedanken zu einem großen, schönen Ganzen zusammenzufügen. Das Bild des Puzzles zeigt uns, dass etwas dann als besonders erfolgreich angesehen wird, wenn das, was aus Teilen geschaffen wurde, nach außen hin als stimmiges Ganzes vermittelt werden kann. Stimmig muss es jedoch nicht nur im Äußeren, sondern auch im Inneren sein. Das haben Unternehmen, die erfolgreich sind, gemeinsam. Ihre Vision passt zu der jeweiligen Zeit und zu den jeweiligen Märkten und wird im Inneren von den Mitarbeitern mitgetragen.

In Deutschland gelten vor allem mittelständische Unternehmen als besonders erfolgreich. Was macht bei ihnen die Stimmigkeit aus? Nun, in Deutschland existiert nach wie vor eine Sehnsucht nach patriarchalischen Strukturen. Mittelständische Unternehmen mit einem leibhaftigen Unternehmer an der Spitze bieten genau diese Identifikationsfigur, die patriarchalische Größe, an. Das führt dazu, dass sich diese Betriebe in einem Harmoniefeld befinden, in dem die Energien bei der Verwirklichung der Ideen des Unternehmenschefs nicht verschwendet, sondern gebündelt werden. Ich bin davon überzeugt, dass hierin letztlich auch das Erfolgsrezept der Agentur PLEON Kohtes Klewes liegt. Erfolgreiche Arbeit des Managements bedeutet also: Am Anfang steht die Bündelung der Kräfte. Jeder sollte wissen, wohin die Reise geht, und darüber muss definitiv Einverständnis bestehen. Die Ziele müssen dabei nicht bis ins Detail geklärt werden. Visionen und weite Zielvorstellungen, wie in Kapitel IV beschrieben, reichen völlig aus.

Nun gibt es neben der hierarchischen Struktur noch einen weiteren Aspekt, der den Erfolg von Unternehmen ausmacht: Die Umsetzung von Visionen sollte in einem Umfeld größtmöglicher individueller Freiheit geschehen. An sich ist das ein Widerspruch zur Bündelung der Kräfte, aber genau darin liegt das Geheimnis. Nur durch die Wirkung beider Faktoren entsteht die besondere, einzigartige Identität eines Unternehmens. Die Möglichkeit der Mitarbeiter, eigene Visionen zu entwickeln und frei umzusetzen, steigert das Selbstbewusstsein und den Zugehörigkeitswillen. So kann sich jeder im Unternehmen den Erfolg mit auf seine Fahnen schreiben – und darum geht es letztlich. Unternehmenserfolg wird auf Dauer nur durch die ganz individuelle Erfahrung des Erfolgs aller, die daran beteiligt sind, getragen.

Bedeutet das zugleich, dass der Lebenserfolg eines Menschen allein davon abhängt, wie gut das Unternehmen, in dem er mitarbeitet, am Markt dasteht? Zumindest Führungskräfte sind auf dieses Denkmuster programmiert. Sie vergessen häufig, dass es auch Erfolgserlebnisse gibt, die auf die andere Seite des Menschen zielen, die weniger nach außen orientiert, nichtsdestotrotz jedoch von zentraler Bedeutung sind: die Erfolge in der eigenen Persönlichkeit. Sie hängen zum Beispiel davon ab, ob wir unsere eigenen Potenziale ausschöpfen. So gibt es Manager, die musisches Talent besitzen, dieses allerdings zurückstellen. *Wenn ich in Pension gehe, dann werde ich wieder Klavier spielen,* lautet deren Devise.

Ein verhängnisvoller Irrtum, denn die in der eigenen Persönlichkeit liegenden Potenziale dem Beruf und damit dem nach außen gerichteten Erfolg zu opfern, hat fatale Nebenwirkungen: Die Gier, die Sucht nach Macht und die Eitelkeit nehmen zu. Diese Eigenschaften entwickeln sich automatisch, weil damit die Unterdrückung der persönlichen Stärken und Qualitäten kompensiert wird. Einige Menschen werden jetzt eventuell bedauernd konstatieren, dass sie neben dem Beruf und dem Geldverdienen eigentlich kaum etwas richtig beherrschen. Das ist jedoch falsch. Lediglich die persönlichen Voraussetzungen stimmen nicht, denn um unser Potenzial kennen zu lernen, benötigen wir Stille und Zurückgezogenheit. Erst in solchen Momenten der Einkehr lösen sich die ständige Gier, das Machtstreben und die Eitelkeit, die für uns zur Droge geworden sind, wie eine Illusion in Luft auf.

Wer jetzt einwendet, er habe nicht die Absicht, Bettelmönch zu werden, das pralle Leben aufzugeben und in Askese zu versinken, dem sei folgende Zen-Geschichte aus Japan ans Herz gelegt:

> *Einer der späteren großen japanischen Meister ging über den Marktplatz und hörte, wie ein Kunde zum Fleischer sagte: „Ich hätte gerne ein Stück vom Feinsten.“ Da stemmte der Metzger die Hände in die Hüften, blickte dem Kunden ins Gesicht und entgegnete: „Mein Herr, ich bitte Sie, was wäre hier wohl nicht vom Feinsten?“ In dem Moment, in dem der Meister dies hörte, erfuhr er die Erleuchtung.*

Oberflächlich betrachtet könnten wir denken, dass sich diese Geschichte um das Thema Qualitätsoptimierung dreht. Erst bei genauerem Hinsehen erblicken wir das Wesentliche: Wir sollen erkennen, dass alles, was wir tun, vom Feinsten ist. Alles, ohne Ausnahme! Sollte Ihnen der Gedanke kommen, dies sei eine absurde Behauptung, dann legen Sie bitte Ihre gewohnten Bewertungsmuster für einen Augenblick ab. Vergessen Sie für einen kurzen Moment Ihre alten Modelle, nach denen Sie gewöhnlich entscheiden, was richtig und falsch, was gut und schlecht, was schön und abscheulich ist. Versuchen Sie ohne all diese *Vorurteile* zu verstehen, was damit gemeint sein könnte, dass alles, was wir tun, vom Feinsten ist. Die folgenden Erläuterungen werden Ihnen dabei helfen.

Erkennen wir nicht, dass unsere Bewertungen lediglich ein Modell oder ein Muster sind, mit dem wir Zusammenhänge möglichst schnell erfahren und gesellschaftliches Zusammenleben unkompliziert organisieren wollen, dann werden wir in diesem System erstarren. Ein Blick auf andere Kulturen zeigt: Diese folgen völlig anderen Bewertungssystemen. Soll heißen: Das, was wir auch, aber nicht allein im ethischen Sinne als gut und richtig empfinden, ist nur eine mögliche Art, die Dinge zu betrachten. Es ist lediglich eine Annahme. Nicht mehr! Vom Grunde her ist in der Welt alles gleich gut. Und um zu erkennen, was gut für uns ist, müssen wir uns öffnen, über den Tellerrand unseres eigenen Beurteilungssystems hinausschauen und uns von seiner Begrenztheit lösen. Ein Risiko gehen wir dabei nicht ein, denn niemand hindert uns daran, hinterher wieder in unsere gewohnten Muster zurückzufallen und ein gutes und ordentliches Mitglied der uns bekannten und vertrauten Gemeinschaft zu werden, das sich an die Spielregeln hält. Die Erfahrung, dass es nicht mehr als Spielregeln sind, denen wir uns unterwerfen, ist jedoch die Voraussetzung zur Selbsterkenntnis und zum Verstehen der eigenen inneren Qualität. Je leichter ein Mensch zwischen dieser Welt der äußeren Bewertungsmuster, der ethischen Annahmen also, und der Welt der individuellen Erfahrung des universalen Blicks, des Einsseins mit allen und allem, wechseln kann, desto stärker wird seine Persönlichkeit erkennbar. Was damit gemeint ist, lässt sich besser verstehen, wenn wir das Gedicht des Sufi-Mystikers und Poeten Dschelaleddin Rumi auf uns wirken lassen:

Einen such Ich

Ich bin weder Christ noch Jude,
weder Zoroastrier noch Moslem.
Ich bin weder vom Osten noch vom Westen
noch vom Land oder dem Meer.
Ich bin weder von der Natur
noch von den kreisenden Himmeln.
Ich bin weder aus Erde noch aus Wasser,
Luft oder Feuer
noch von Indien, China oder Bulgarien.
Ich bin weder von dieser Welt noch von der nächsten,
auch nicht vom Paradies oder der Hölle,
ich bin weder von Adam noch von Eva.
Mein Ort ist das Ortlose, meine Spur das Spurlose.
Ich bin weder dieser Körper noch diese Seele,
denn ich gehöre zur Seele des Geliebten.
Ich habe die Dualität beiseite gelegt und
gesehen, dass die zwei Welten eins sind.

Einen such ich.
Einen kenn ich.
Einen sehe ich.
Einen ruf ich.

Er ist der Erste. Er ist der Letzte.
Er ist das Äußere. Er ist das Innere.
Ich kenne keinen anderen außer
IHM.

DSCHELALEDDIN RUMI
1207 - 1273
Übersetzung: Werner Freundt und der
Rumi-Freundeskreis Tübingen

Übungen

Es gibt nichts Gutes, außer man tut es. Diese Lebensweisheit von Erich Kästner drückt aus, dass theoretische Erkenntnisse und Überlegungen sicherlich wichtig und sinnvoll sind, jedoch nur weiterhelfen, wenn wir sie in der Praxis anwenden. Genau deswegen empfehle ich Ihnen an dieser Stelle, wie am Ende eines jeden Kapitels, einige Übungen.

1

Eventuell kennen Sie die folgende, großartige Geschichte des Humoristen und Sketch-Produzenten Loriot alias Vicco von Bülow. Loriot beschreibt darin einen Mann, der auf einem Sofa sitzt und nichts tut. Seine Frau, die nebenan in der Küche hantiert, fragt ihn unentwegt: „Was tust du denn?" „Ich tue nichts", antwortet er mit stoischer Ruhe. Diese Geschichte entwickelt schließlich eine Dramaturgie, weil die Frau es nicht ertragen kann, dass der Mann einfach dasitzt und nichts macht. Er bringt nicht den Mülleimer nach draußen, er sieht nicht fern und führt den Hund nicht aus – er tut einfach nichts.

Können Sie sich vorstellen, einmal nichts zu tun? Wirklich nichts? Damit meine ich nicht, dass Sie dösen sollen, sondern Sie sollen wirklich einmal ganz bei sich bleiben, ohne äußere Aktivität zu zeigen oder innerlich über die nächsten strategischen Schachzüge in der Firma zu grübeln. Das ist möglich – und sei es nur für fünf Minuten. Besser sind natürlich 25 Minuten oder 30. Sicherlich, Sie brauchen ein bisschen Übung, weil sich am Anfang Ihr Programm, Ihr Muster meldet. Es wird sagen: *Du bist nur wertvoll und wichtig, wenn du etwas tust.* Gehen Sie wie Loriot mit einem inneren Lächeln gegen dieses Programm an und schauen Sie, was passiert.

2

Überlegen Sie, wann und wo Sie überall bewerten. Sie werden überrascht sein, wie viel da zusammenkommt. Wir bewerten nämlich in der Regel alles und jedes. Von morgens bis abends. Unentwegt. Wir sagen oder denken: „Das eine ist richtig und das andere ist falsch. Das ist gut, das ist nicht gut, so hätten wir es gerne, so hätten wir es gerne nicht." Das Fatale an diesen Beurteilungen ist die Aufspaltung des Seins.

Die Übung besteht darin, Ihren Bewertungen immer ein *Ich meine, Ich denke, Ich empfinde, Ich fühle, Ich glaube* voranzustellen. Das nimmt ihnen die Allgemeingültigkeit und die Starrheit. Es unterstellt, dass Sie für sich eine bestimmte Erfahrung so oder so bewerten, ohne dass andere dies ebenso empfinden müssen.

3 Die dritte Übung ist die schwierigste in dieser Reihe. Denken Sie – am besten in der Zeit der Stille – einmal darüber nach, was Sie an Talenten noch nicht entwickelt haben. Talente, die Sie vielleicht schon kennen, von denen Sie wissen, dass sie eigentlich da sind, bislang jedoch nicht verwirklicht wurden. Oder Talente, die Sie bis dato gar nicht an sich entdeckt haben, weil sie in Ihnen schlummern und noch wach geküsst werden müssen.

Rennen Sie nach dieser Übung bitte nicht sofort los, um sich ein Surfbrett zu kaufen, weil Sie glauben, der geborene Surfer zu sein und dieses Talent jetzt unbedingt fordern und fördern zu müssen. Lernen Sie erst einmal die Sehnsucht nach diesem oder anderen Talenten in sich kennen, denn die Sehnsucht ist das Wichtigste. Mit ihr beginnt alles.

Meister Eckhart hat gesagt, dass er sich über Menschen wundere, die ihm mitteilten, sie hätten es nicht. Er entgegnete ihnen in diesen Fällen: *„Wenn du ‚es' nicht hast, dann habe doch wenigstens die Sehnsucht danach. Und wenn du nicht einmal Sehnsucht hast, dann sehne dich doch wenigstens nach der Sehnsucht."* Was können wir daraus lernen? Sich entwickeln heißt, die eigenen Verwicklungen aufzulösen.

Und wenn wir noch nicht einmal die Sehnsucht nach der persönlichen Entwicklung haben, wie soll sie dann stattfinden? Deswegen habe ich die dritte Aufgabe gestellt: Sie sollen erfahren, welche Möglichkeiten in Ihnen schlummern. Dabei geht es nicht darum, die Potenziale sofort in neuen Aktionismus zu kleiden, sondern sie erst einmal nur zu erkennen und zu akzeptieren, dass sie da sind. Schaffen Sie ihnen zunächst im Bewusstsein Platz und packen Sie Ihre Talente dann aus, wenn die Zeit dafür gekommen ist.

VIII

Wenn man einem Menschen trauen kann,
erübrigt sich ein Vertrag.
Wenn man ihm misstrauen muss,
ist ein Vertrag nutzlos.

PAUL GETTY
1892 - 1957

Führungskräfte und die Kunst der Motivation

Warum sind Top-Manager oft so einsam? Die Antwort ist einfach: Sie meinen, alles zu wissen und alles zu können, oder zumindest denken sie, alles wissen und alles können zu müssen. Sie lassen sich nicht beraten, sondern schweben – gefangen und alleine in ihrem eigenen Käfig – in höheren Regionen und blicken nach unten. Diese Einsamkeit teilen sie mit anderen Führungskräften. Wenn sich nun all diese Menschen treffen, wird das Führungskräftetagung genannt. Unsere Agentur hat zahlreiche solcher Meetings konzipiert und organisiert. Meist handelt es sich bei solchen Tagungen um gut gemachte Informationsbörsen, manchmal auch um weniger gute Unterhaltungsveranstaltungen. Selten jedoch sind es Treffen, bei denen die Motivation, das für Arbeitsprozesse wohl wichtigste Element, im Vordergrund steht. Denn: Führen bedeutet nicht, die Fähigkeit zu besitzen, Anweisungen von oben nach unten weiterzugeben. Es bedeutet auch nicht, Disziplinierungsmaßnahmen in Gang zu setzen – für diese existieren genügend andere Mechanismen, die in der Regel wie von selbst ablaufen. Führen heißt einzig und allein, Mitarbeiter zu motivieren. Nichts sonst!

Damit sind wir wieder bei dem Prinzip der energetischen Nutzung: Führungskräfte setzen im Idealfall Regel- und Steuerungsenergien frei, nicht jedoch Antriebsenergien. Das wird allzu oft missverstanden, denn viele meinen, unter Führung sei allein das Anstoßen von Prozessen zu verstehen. Vorgänge zu steuern, heißt dagegen, an den richtigen Stellen motivierend einzugreifen. Jede Entscheidung einer Führungskraft sollte sich daher vor allem daran messen lassen, ob sie motivierend ist. Wer in der Lage ist, andere anzuspornen, eine bestimmte Aufgabe hoch motiviert zu lösen oder ein konkretes Ergebnis vorzulegen, der hat sein Ziel erreicht.

Ein Beispiel: Ein bedeutender Versicherungskonzern hatte unserer Agentur den Auftrag erteilt, eine Veranstaltung für Führungskräfte zu organisieren. Das Unternehmen war wegen Missmanagements, Fehlverhaltens einzelner Führungskräfte und Gewinnrückgängen in die Negativschlagzeilen geraten. Die Idee des Top-Managements bestand nun darin, den Führungskräften in Ruhe zu erklären, warum es dazu gekommen war. Es sollte vermittelt werden, dass die Situation gar nicht so schlimm war, wie sie schien, sondern von den Medien unbegründeterweise und in unangemessener Form aufgebauscht wurde. Fast der komplette Vorstand ging mit einer Wagenburg-Mentalität ans Werk und verschanzte sich hinter seiner Defensivstrategie.

In einer Klausur ist es unserer Agentur gelungen, dieses Denken umzukehren. Der Vorstand gestand schließlich ein, dass tatsächlich Fehler passiert waren und dass man zu ihnen stehen musste – mit dem Bewusstsein, daraus gelernt zu haben, um solche Fehler künftig zu vermeiden. So entstand doch noch ein Meeting, das für alle sehr motivierend war und das ein völlig neues Selbstbewusstsein, eine optimistische Zukunftssicht und Geschlossenheit innerhalb der Führungsriege zur Folge hatte. Heute genießt der Versicherungskonzern wieder hohes Ansehen und gehört zu den Marktführern.

Führungskräfte als Motivationskünstler – diese Funktion scheint dem zu widersprechen, was eigentlich den Typus „Mensch in leitender Funktion" ausmacht. Blicken wir einmal hinter die Kulissen. Warum streben Menschen eine leitende Position an? Was zeichnet sie aus? Führungskräfte sind oft Personen, die ein großes Sicherheitsbedürfnis und einen besonderen Machtanspruch haben. Vor allem aber werden

Menschen Führungskräfte, weil sie nicht mehr von anderen belehrt und geführt werden wollen. Meist ist das Interesse für die Branche oder das Thema, an dem sie arbeiten, dabei von sekundärer Bedeutung. So wie der Arzt mit Hilfe seines Berufes seine Angst vor der Krankheit überwinden will und der Lehrer Lehrer wird, weil er nicht mehr lernen möchte, so wird die Führungskraft zur Führungskraft, weil sie es satt hat, geführt zu werden. Reicht dieses Streben nach Führung aber wirklich aus, um erfolgreich zu sein? Oder sind andere Fähigkeiten dafür erforderlich? Die folgende Zen-Geschichte hilft Ihnen, eine Antwort auf die Fragen zu finden:

> *Ein Zen-Meister war so erfolgreich, dass er ein weiteres Kloster eröffnen musste. Für diese „Filiale" suchte er einen fähigen Leiter, den er aus dem Kreis seiner Mönche bestimmen wollte. Daher versammelte er alle Mönche um sich und gab ihnen eine typische Aufgabe, mit denen Zen-Lehrer den Fortschritt ihrer Schüler prüfen. Wie weit sind sie? Sind sie in der Lage, auf die grundlegende Frage des Lebens zu antworten? Auf intellektuelle, logische Weise lassen sich diese Aufgaben nicht lösen.*
>
> *Zunächst trug der Meister einen Krug mit Wasser in den Raum und stellte ihn auf den Boden. Die anwesenden Mönche fragte er: „Kann jemand beschreiben, was hier steht, ohne dessen Namen auszusprechen?" Der Meister ließ nun einen nach dem anderen antworten. Schließlich meldete sich der älteste Mönch zu Wort, der sich große Hoffnungen auf den Posten des Klosterleiters machte: „Ein Schuh ist es nicht." Der Zen-Meister nahm die Worte schweigend und ungerührt zur Kenntnis.*

Ein weiterer Mönch sagte nun: „Wäre es ein Teich, könnten wir es nicht tragen." Der Meister rührte sich nicht. Daraufhin versuchte es noch ein Mönch mit dem Satz: „Das ist ein See im Krug." Betretenes Schweigen.

Zum Schluss betrat der Koch des Klosters, der eigentlich nicht zu dieser Versammlung gehörte, den Raum. Er ging zu dem Krug und gab ihm einen leichten Fußtritt, sodass dieser umfiel. Das Wasser lief über den Boden. Es wurde totenstill. Der Zen-Meister war sehr erfreut und verkündete: „Unser Koch wird der neue Klostervorsteher."

In dieser Geschichte wird nicht der Schlauste, der Abgeklärteste, der Zielstrebigste oder derjenige, der sich bislang die meisten Verdienste erworben hat, in die leitende Stellung erhoben, sondern derjenige, der in der Lage ist, direkt aus dem Inneren heraus zu handeln und intuitiv das Richtige zu tun. Das führt uns zu einer Eigenschaft, die Menschen in leitender Position unbedingt benötigen: ein großes Maß an Unvoreingenommenheit, die in diesem Fall sowohl der Zen-Meister als auch der Koch – übertragen auf die Welt der Wirtschaft: das Top-Management und die Führungskräfte – an den Tag legen. Wer unvoreingenommen ist, also den äußeren Gegebenheiten entsprechend offen und flexibel handeln kann, steuert Vorgänge intuitiv und variabel und besitzt die Gabe, die Potenziale anderer zu erkennen, und damit das Talent, Menschen zu motivieren. Wer so agiert, wird als charismatische Persönlichkeit wahrgenommen und als Führungskraft anerkannt. Offenheit meint in diesem Sinne, offen nach allen Seiten zu sein, also auch die Bereitschaft nicht zu verlieren, sich selbst führen zu lassen, wenn die Zeit reif dafür ist.

Sich gegen etwas zu sperren – beispielsweise dagegen, sich selbst führen zu lassen – bedeutet, sich zu verschließen und sich Wege zu verbauen. Ein solches Vorgehen würde nur Widerstände freisetzen. Demgegenüber bietet uns eine offene Einstellung die Möglichkeit, jeweils der Situation angepasst flexibel zu reagieren – wie ein Fluss, der hartes Gestein um- oder überfließt. Im Leben existiert immer eine Fülle von Lösungen und nicht nur eine einzig wahre und machbare. Als Führungskräfte haben wir die Aufgabe, sie zu erkennen und für sie offen zu sein. Dadurch gewährleisten wir, dass sich unter den vielen Lösungsangeboten zu einer gegebenen Zeit in einer bestimmten Situation auch die richtige findet.

Nun könnte man einwenden, dass ein solches Verhalten, bei dem es keine prinzipiellen, objektiven Entscheidungskriterien und Wahrheiten mehr gibt, der Beliebigkeit Tür und Tor öffnet. Zweiflern sei gesagt: Das Objektive soll nicht abgeschafft werden. Es soll nur verhindert werden, dass wir es als allein gültiges und allein selig machendes Kriterium ansehen. Dinge und Vorgänge unter objektiven Gesichtspunkten zu betrachten, ist lediglich eine bestimmte Methode. Offensichtlich wird das bei der Betrachtung der Auseinandersetzung zwischen der Schulmedizin, die sich verzweifelt um Fixierung auf Objektivität bemüht, und alternativen Therapieformen, die sich oft genauso verzweifelt an die Vermeidung von Objektivität klammern. Dabei heißt die salomonisch korrekte Antwort: *Wer heilt, hat Recht.* Das hatte auch Maria Theresia, Kaiserin des Heiligen Römischen Reiches Deutscher Nation, erkannt, als sie 1757 den Maria-Theresien-Orden stiftete. Diesen Verdienstorden erhielten Offiziere, die sich durch besondere Tapferkeit und Initiative hervorgetan hatten. Berücksichtigt wurden dabei ausdrucklich Taten, die gegen die vorhandenen Befehlsstrukturen des Heeres gerichtet waren. Menschen wurden damit gegebenenfalls für etwas belohnt und belobigt, das objektiv aus der Sicht des Militärs betrachtet ganz und gar nicht korrekt war. Voraussetzung für die Auszeichnung war selbstverständlich, dass die Anwärter auf den Orden mit ihrem Handeln Erfolg hatten.

Die wirklich gute Führungskraft hält sich also weder sklavisch an Regeln noch nimmt sie für sich in Anspruch, als Einzige zu wissen, wo es langgeht und was richtig oder falsch ist. Vielmehr ist sie in der Lage, in jeder Situation die Herausforderung des Erfahr- und Machbaren zu sehen, sie anzunehmen und das Gelernte kreativ umzusetzen. Offen dafür zu sein ist ein Erfolgsgeheimnis amerikanischer Firmen. Dagegen sind wir Deutschen Weltmeister darin, Probleme zu erfinden und zu beschreiben. Zugegeben, das machen wir sehr präzise und sehr analytisch. Dann allerdings bleiben wir stehen und damit hinken wir der Konkurrenz aus dem Ausland oft ein Stück hinterher. Denn: Während wir Deutschen ein offenes Ohr für Probleme aller Art haben, sind die Amerikaner Weltmeister im Lösungen beschreiben und Lösungen erfinden. Die Zahl der amerikanischen Nobelpreisträger ist ein Beleg dafür.

Übungen

Offenes, lösungsorientiertes Denken und Handeln, das die Amerikaner so gut beherrschen, ist uns Deutschen häufig fremd. Dabei bedarf es nicht viel, um auf diesem Gebiet erfolgreich zu sein. Die Übungen in diesem Kapitel bieten Ihnen Hilfestellungen, die Sie auf den ersten Schritten vom Weg des Problemdenkers hin zu dem des Problemlösers begleiten.

1

Streichen Sie das Wort *aber* aus Ihrem Wortschatz! Speziell wir Deutschen haben es zu einer

Gottheit erhoben. Kaum ein Satz geht uns von den Lippen, ohne dass ein *aber* darin vorkommt. Keine Diskussion wird geführt, in der das Wort nicht regelmäßig fällt: *aber* als Einschränkung, für das, was beschrieben wird; *aber* als Einwand gegen etwas Unbekanntes und Unberechenbares, das uns Angst macht; *aber* als Hinweis auf die Sorgen, Nöte, Probleme und Hindernisse; *aber* als Rückzugsgefecht, um selbst ja keine Lösung anbieten zu müssen. *Aber* ist der Feind der Zuversicht. Insbesondere wenn Deutsche englisch sprechen, fällt auf, dass sie unentwegt das Wort *but* benutzen. Entfernen Sie es – im Englischen wie im Deutschen – bewusst aus Ihrem Wortschatz und Sie werden erkennen: *Aber* verhindert, dass wir offen sind für neue, ungewöhnliche und kreative Ideen, und hält uns davon ab, lösungsorientiert zu denken. Aber machen Sie es sofort!

2

Wie entstehen richtige Lösungen? Sie entstehen nicht durch langes, intensives Nachdenken, sondern nur intuitiv. Es verhält sich damit so wie mit einem verloren gegangenen Schlüssel. Sie werden ihn in den meisten Fällen weder dadurch finden, dass Sie pausenlos darüber grübeln, wo er steckt, noch dadurch, dass Sie ihn planlos suchen. Der Schlüssel wird erst dann wieder auftauchen, wenn Sie ihn sich finden lassen. Soll heißen: Sie suchen nicht bewusst nach ihm, sondern legen das Programm *Schlüssel finden* in Ihrem Inneren ab und warten, bis er Ihnen wie von selbst über den Weg läuft.

Lösungen im Beruf lassen sich ebenfalls auf diese Weise finden. Nehmen wir an, es ist ein größeres Problem entstanden. Niemand wird erwarten, dass wir spontan ein Lösungsmodell aus der Tasche zaubern. Wir dürfen dem Problem Zeit geben, können es mit nach Innen nehmen, sich dort einnisten lassen und es vergessen, um darüber zu schlafen und am nächsten oder übernächsten Tag vielleicht eine Lösung präsentiert zu bekommen. Diese entwickelt sich unter Einbeziehung aller Talente, die wir in uns tragen. In sie fließt also auch der riesige, unbewusste Teil unserer Erfahrungs- und Gefühlswelt ein. Manchmal dauert es Tage oder gar Wochen, bis sich eine solche intuitive Lösung zeigt. *Kommt Zeit, kommt Rat* – so lautet die westliche Ausdrucksform für das, was hier passiert. Das fernöstliche Denken drückt den Vorgang, der sich bei der Lösung eines Koans abspielt, bildhafter aus: *„Sie wird"*, wie es der Theologe und Zen-Lehrer Michael von Brück drastisch ausdrückte, *„zu einer heißen Kugel, die im Bauch so lange gärt und kocht, bis sie schließlich ausgekotzt wird."*

Ihre Aufgabe besteht in dieser Übung nun darin, eine solche Kugel zu produzieren. Suchen Sie sich dafür ein Problem, das sich nicht auf die Schnelle lösen lässt, aber auch nicht so kompliziert ist, dass es zur Lebensaufgabe wird. Nehmen Sie es in Ihr Inneres auf und warten Sie so lange, bis die Lösung wie von selbst aus Ihnen entspringt. Ist sie diejenige, die Sie erwartet haben, an die Sie früher schon einmal flüchtig dachten, oder handelt es sich um eine Lösung, mit der Sie überhaupt nicht gerechnet haben?

3

Die dritte Übung ist das Gegenteil der vorherigen. Lassen Sie die Lösung einer Aufgabe oder eines Problems spontan entstehen. Nehmen Sie die erstbeste Lösung, die Ihnen dazu einfällt. Die Amerikaner sagen: „First ideas are always almost best ideas." Damit ist gemeint, dass die Lösungen, die sofort aus dem Bauch heraus getroffen werden, oft die besten und die richtigen sind. Die Fähigkeit, Lösungen spontan und ohne große Überlegung zu finden, können wir üben und sollten wir üben, weil wir dadurch erkennen, dass das, was wir gerade entscheiden, immer das Richtige ist. Ja, Sie haben richtig gelesen. Das, was Sie entscheiden, ist immer das Richtige.

Die Form der spontanen Lösungsfindung hilft uns die Angst zu nehmen, mit jeder Entscheidung eine langfristige, grundsätzliche Richtungsentscheidung zu treffen. Sie führt uns weg davon, unentwegt über alles und jedes nachzudenken und pausenlos innerlich zu diskutieren. Entscheidungen werden immer nur für den Moment getroffen. Wenn ich mich nach fünf Minuten anders entscheide, dann ist diese Lösung ebenfalls richtig und gut. Das, was ich entschieden habe, ist in Ordnung. Immer ist das, was ich gerade entscheide, wunderbar.

IX

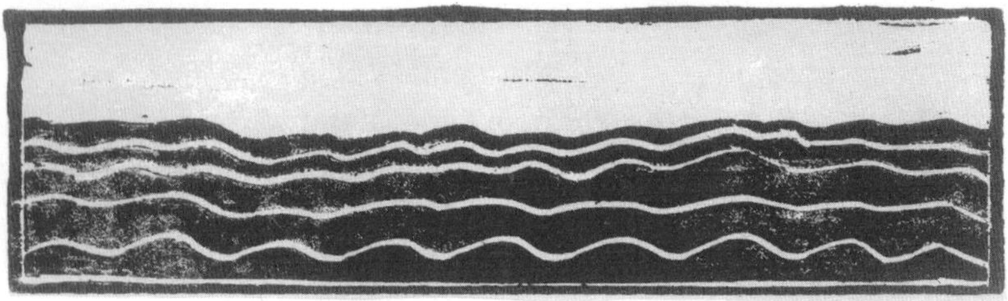

Life is what happens to you
while you're busy making other plans.

JOHN LENNON
1940 - 1980

Deine Chance ist, das gerne zu tun, was du tust

Felix hatte es geschafft. Er war Vorstandsmitglied einer großen deutschen Aktiengesellschaft geworden. Ruhm, Ehre, Anerkennung und nicht zuletzt ein mehr als ordentliches Gehalt wurden ihm zuteil. Glücklich war Felix in dieser Position jedoch nicht, denn überall lauerten Gefahren: für seine Karriere, für seine berufliche Existenz, für seine Familie, für sein ganzes Sein. Deshalb war Felix sehr nervös. Er rauchte viel, trank mehr, als ihm gut tat, und war immer angespannt. Er wusste: So durfte es nicht weitergehen. Eines Tages haben wir gemeinsam überlegt, wie er aus der Misere herauskommen konnte und welche Alternativen sich ihm dabei boten. Eine war, den Job aufzugeben und einfach auszusteigen. Aber gab es wirklich keine bessere Lösung? Schlecht beraten wäre er ebenfalls gewesen, das Problem durch Exitus zu beenden. Allerdings sollte auch kein Lösungsansatz unterdrückt werden – und wäre er noch so abwegig gewesen. Also suchten wir weiter.

Relativ rasch wuchs die Erkenntnis, dass nur er selbst sich helfen konnte. Allzu lange hatte er vergeblich gehofft, dass jemand von außen seine Dinge in die Hand nahm und sie für ihn regelte. Felix war sich durchaus darüber im Klaren, dass er das geworden war, was er sich immer vorgestellt hatte. Er hatte sein großes Ziel erreicht. Warum war er damit nicht glücklich? Es konnte nicht allein an den äußeren Umständen liegen, denn im Laufe seines Lebens waren ihm immer wieder dieselben Dinge passiert: Er begegnete Menschen, die an seiner Karriere sägten, die ihn misstrauisch beäugten und die nicht das taten, was er wollte. Ständig war er von Widerstand umgeben. Genau hier galt es, anzusetzen. Felix musste zunächst einmal erkennen, wo sein Platz in dieser ihm scheinbar pausenlos feindlich gesinnten Welt war. Wie wertete er seine Umwelt? Wie ging er mit seinem Schicksal um? War es sein Schicksal, sich gängeln zu lassen, sich ständig zu ärgern, sich in eine Form pressen zu lassen, die er nicht mochte? Oder war es womöglich sein Schicksal, dass alles gegen ihn lief?

Viele Manager denken, meist unausgesprochen, dass das Schicksal etwas gegen sie im Schilde führt – weil es immer etwas gibt, was nicht stimmt, und weil sie nie zufrieden sind. Möglicherweise sind sie gerade deswegen Manager geworden. Wer ein Leben lang nach Höherem und Besserem strebt, wird das unabhängig davon tun, auf welcher Karrierestufe er sich gerade befindet. Und er wird merken, dass er immer noch unzufrieden ist, wenn er ganz oben angekommen ist. Das gilt selbst für Vorstandsvorsitzende großer Konzerne. Ich habe viele getroffen, die vor allem von Angst getrieben waren: Angst vor Gesichtsverlust, vor materieller Not (tatsächlich!), vor Machtverlust, vor ihrem Aufsichtsratsvorsitzenden.

Zurück zu Felix. Er hatte ein Schlüsselerlebnis, nachdem er das Buch „Pass auf, was du denkst" von Bruce I. Doyle gelesen hatte. Der Titel des Werks ist so schlicht, dass wir seinen Inhalt leicht unterschätzen. Das Buch handelt davon, dass und wie das Denken unser Leben erschafft. Folgen Sie mir dazu einem Gedankenexperiment: Nehmen wir einmal an, wir würden tatsächlich mit unseren Gedanken unsere eigene Welt kreieren. Demnach wäre alles, was uns begegnet, alles, was wir sehen, erfahren und empfinden, das Ergebnis unserer eigenen Gedanken. Würden wir in diesem Fall nicht großen Wert darauf legen, „richtig" zu denken? Würden wir unser Denken dann nicht völlig umkehren, anders sortieren und orientieren als bisher? Halten Sie jetzt in diesem Moment inne und vergegenwärtigen Sie sich fünf Minuten lang, was Sie denken.

Projizieren Sie Ihre Gedanken am besten auf eine imaginierte große Leinwand. Betrachten Sie die Projektionsfläche, indem Sie sich in die Rolle eines Außenstehenden versetzen. Ich bin mir sicher, dass Sie denken, dort sei ein Irrer, ein Verrückter am Werk. Denn: Sprunghaft jagen unsere Gedanken von einem Thema zum nächsten. Eine Überlegung löst die andere ab. Eine Befürchtung bringt die folgende schon in Stellung. Zur Beruhigung sei erwähnt, dass das nicht nur Ihnen passiert. Alle Menschen denken auf diese Weise. Aber warum ist das so? Unser geniales Gehirn sendet unentwegt Reize aus in der Erwartung, dass einer dabei ist, auf den wir abfahren und der uns weiterbringt. Wählen wir keinen dieser Reize aus, werden permanent neue angeboten. Unser Gehirn ist in dieser Hinsicht vergleichbar mit einem Computer, der unentwegt Programme ausführt und wieder unterbricht. Je länger er arbeitet und je mehr Programme er öffnet und schließt, desto wahrscheinlicher wird es, dass er irgendwann hängen bleibt oder gar abstürzt. Ähnlich arbeitet unser Gehirn. Tagein, tagaus sendet es rund um die Uhr Impulse aus, bis es nicht mehr weiterweiß und sich festbeißt. Diesen Zustand nennen wir persönliche Krise. Herbeigeführt wird er durch eine Reizüberflutung, die unser Gehirn irgendwann überfordert und uns nicht mehr klar denken lässt.

Um diesem größten anzunehmenden Unfall zu entkommen, ist es wichtig, die Struktur unseres Gehirns und seine Funktion zu akzeptieren: Dieses Organ ist vor allem eine Reizmaschine. Unsere Aufgabe besteht darin, aus dem Output dieser Maschine das für uns Richtige und Wichtige auszuwählen und weiterzuverarbeiten, damit unser Gehirn mit Impulsen nicht überladen wird. Erst durch das bewusste Filtern der Reize wird aus dem Organismus Mensch eine Persönlichkeit mit ihren Stärken und Schwächen. Ohne die gezielte Auswahl der Reize würden wir in absehbarer Zeit Schaden nehmen. Um das zu verhindern und uns zu einer starken Persönlichkeit zu entwickeln, müssen wir deshalb permanent entscheiden, welche Reize wir annehmen wollen, welche Gedanken wir denken, welche Impulse wir zulassen und welche wir ablehnen. In diesem Sinne erschaffen wir uns die Welt tatsächlich selbst. Erst nachdem Felix erkannt hatte, dass es seine eigenen wirren Gedanken waren, auf die er und sein Umfeld lediglich reagierten, ging es mit ihm bergauf. Das Problem waren nicht die bösen Mitmenschen, nicht die Familie und nicht der kräftezehrende Job im Vorstand – das Problem war in ihm selbst.

Die Buddhisten gehen noch weiter. Sie sind der Meinung, dass wir mit unseren Gedanken und Handlungen nicht nur die Welt von heute und morgen beeinflussen, vielmehr auch die von übermorgen, nämlich unser nächstes Leben. Damit versuchen sie zu erklären, warum wir alle mit völlig unterschiedlichen Voraussetzungen ins Leben starten und durch das Leben gehen. Beispielsweise gibt es Menschen, denen fliegt das Glück von Anfang an nur so zu, sie haben viele Freunde und erledigen ihre Arbeit fast nebenbei. Andere dagegen werden scheinbar von Geburt an vom Schicksal vernachlässigt. Ihre Lage ist jedoch keineswegs aussichtslos. Die Welt ist der beste Beweis dafür. Würde das Chaos sie regieren, wäre sie längst untergegangen. Das Gegenteil ist der Fall: Unsere Welt, wir Menschen eingeschlossen, entwickelt sich ständig weiter und befindet sich auf dem Weg zur Optimierung. Egal unter welchen Voraussetzungen wir ins Leben starten – ob spärlich oder reichlich mit Talenten ausgestattet –, haben wir alle die Möglichkeit, uns vom Niedrigen zum Hohen, vom Dummen zum Klugen zu entwickeln. Das ist unser Schicksal. Die Angebote der Welt, des Lebens und unseres Gehirns sind ausreichend vorhanden. Es kommt nur darauf an, diese Vielfalt zu nutzen. Das Schicksal ist also nicht irgendeine unkalkulierbare Macht, die uns beherrscht, sondern es ist die Plattform, das Betriebssystem, auf dessen Basis wir arbeiten. Mehr nicht! Was wir daraus machen, liegt an uns selbst. Das Buch des über Nacht durch Polio gelähmten amerikanischen Tennismeisters Arnold R. Beisser „Wozu brauche ich Flügel?" beschreibt auf wundervolle Weise die Praxis der inneren Wandlung.

Wenn wir erst akzeptiert haben, dass alle Angebote des Schicksals nur da sind, damit wir uns optimieren können, dann werden wir das, was uns begegnet, anders betrachten und anders mit Leben erfüllen. Dann sehen wir das Schicksal nicht mehr als Ärgernis, sondern als wertvollen Hinweisgeber, der uns Vorschläge unterbreitet, wie wir etwas machen können und wie nicht. Es regt uns an, etwas auszuprobieren und uns dadurch weiterzuentwickeln. Auf diese Weise werden wir unentwegt aufgefordert, auch die persönliche Optimierung in einem kreativen Prozess voranzutreiben. Dieser Prozess beginnt mit der Selbstwahrnehmung – mit der Wahrnehmung dessen, was das Schicksal uns an Vorschlägen anbietet. Nur so können wir wirklich erkennen, was es wirklich meint. Dazu eine Zen-Geschichte aus Japan:

> *Ein hoher Regierungsbeamter ging zu einem japanischen Zen-Meister. Wie es dort so üblich war, bat der Beamte den Meister darum, mit dem Tuschepinsel ein paar erbauliche Worte auf Papier zu schreiben. Er fragte ihn: „Was ist die zentrale Aufgabe des Lebens?" Er erwartete einen für ein Poesiealbum tauglichen Spruch.*
>
> *Der Meister setzte sich hin und schrieb liebevoll in schönster Kalligraphie ein Wort. Nur ein Wort – das war höchst ungewöhnlich. Er drehte das Blatt um und schob es dem Regierungsbeamten zu. Der las das Wort Achtsamkeit, atmete tief durch und fragte: „Schön, aber haben Sie nicht etwas Weitergehendes? Das ist doch wohl sehr einfach. Sie verstehen."*

Der Meister nickte. Er nahm das Blatt ungerührt zurück, schrieb geduldig etwas darauf und schob es dem Gast erneut zu. Auf dem Papier stand, noch schöner als zuvor geschrieben, das gleiche Wort: Achtsamkeit. Der Beamte wurde etwas unwillig und mürrisch, denn er fühlte sich auf den Arm genommen. Er hatte um eine tiefsinnige Anweisung gebeten und das Einzige, was er in den Händen hielt, war dieses Wort. Mit einem Schubs gab er das Papier zurück und sagte: „Das kann doch wohl nicht alles sein."

Ungerührt nahm der Meister das Blatt und schrieb, wie zu erwarten war, zum dritten Mal das Wort Achtsamkeit darauf. Dann reichte er es dem inzwischen hochrot angelaufenen, wütenden Beamten mit einem freundlichen Lächeln. Als dieser das Blatt sah und dreimal die Worte Achtsamkeit las, machte es bei ihm klick. Nun verstand er endlich, was sich in der Einfachheit des Wortes verbarg. Er verneigte sich tief vor dem Meister, nahm das Papier und ging beschämt von dannen.

Oft werde ich gefragt: *Wenn ich mich auf den Weg machen möchte, was soll ich denn dann konkret tun?* Meine Antwort lautet: *nichts*. Wir müssen im üblichen Sinne nichts tun, auch wenn wir alle darauf programmiert sind, ein bestimmtes Ziel nur durch Handeln zu erreichen. Wir können uns einfach nicht vorstellen, dass es auch anders geht – so, wie der Zen-Meister es seinem Gast, dem Regierungsbeamten versucht hat klarzumachen. Was er beschreibt, klingt nicht spektakulär, ist aber der wirkliche Weg zur Befreiung und damit zu einem glücklichen Leben: in Ruhe und ohne Anstrengung zu betrachten, was ich denke und was ich tue, ohne dem sofortigen Impuls nachzugeben, etwas ändern oder handeln zu müssen. Es geht nicht darum, ein neues Programm aufzulegen, um mit der gleichen Intensität, mit der ich zuvor die Weichen für meine Karriere gestellt habe, nun meine Erleuchtung zu planen. Damit ist das Unternehmen von vornherein zum Scheitern verurteilt. Der Schlüssel liegt ganz woanders, wie uns die Weisheit des Zen verrät:

> *Ein Zen-Meister wurde gefragt: „Was ist der Schlüssel zum Weg?"*
>
> *Er antwortete: „Geh und spüle dein Geschirr!"*

Diese Geschichte kann uns lehren, einfach das zu tun, was in diesem Moment dran ist und getan werden muss. Lassen Sie das Spekulieren und das Grübeln, werten Sie nicht, werfen Sie Zweifel über Bord und freuen Sie sich des Lebens. Der große russische Schriftsteller Leo N. Tolstoi (1828 - 1910) hat das in einen wundervollen Satz gekleidet: *„Glück ist nicht, das gerne zu tun, was wir möchten, sondern das gerne zu tun, was wir tun."*

Wenn Sie beispielsweise ein Marketingkonzept entwickeln und dabei ständig daran denken, was die Vorgesetzten wohl dazu sagen, welchen Zeitaufwand es in Anspruch nimmt, wie der Erfolg oder Misserfolg am Markt sein wird und welche Nebenkriegsschauplätze sonst noch denkbar sind, dann kann aus diesem Konzept nichts wirklich Gutes werden. All diese Gedanken lenken Sie von Ihrer wesentlichen Aufgabe ab und rauben Ihnen letztlich Ihre Kreativität. Die Idee des Zen-Meisters aus Japan (siehe Seite 117/118) ist sinngemäß: Tun Sie einfach das, was in diesem Moment dran ist. Wenn es das Marketingkonzept ist, dann schreiben Sie es einfach aus sich heraus – hingebungsvoll und exzellent. Ganz gleich, wie es wirkt, ganz gleich, ob es hinterher wirklich erfolgreich ist. Das Konzept zu schreiben ist in diesem Moment die wichtigere Aufgabe als Erfolg zu haben. Es kann auf diese Weise sogar zu einem Kunstwerk werden. Natürlich würde ich einem Vorgesetzten niemals sagen, dass ich ein Kunstwerk geschaffen habe, weil er mich dann wohl verlachen und zum Teufel jagen würde. De facto ist jedoch die Idee von Kunst, etwas einfach nur so um seiner selbst willen zu tun.

Übungen

Meister Eckhart hat gesagt: *„Wenn du das Leben fragst: ‚Warum lebst du?' – Könnte es antworten, würde es sagen: ‚Ich lebe darum, weil ich lebe.'"* Gemeint ist damit, immer das zu tun, was zu tun ist. Verfahren Sie mit den nun folgenden Übungen am besten genau so.

1

Jede Absicht, jede Intention verdirbt das Ergebnis. Diese Erkenntnis hatte bereits der deutsche Physiker Werner Karl Heisenberg, als er seine Unschärferelation aufstellte. Er entdeckte, dass sich die Eigenschaften eines Objektes allein durch die Beobachtung verändern.

Ideal wäre daher, Dinge absichtslos zu tun. Das allerdings ist sehr schwer. Leichter ist es, bereits vorhandene Intentionen zu erkennen. Und genau das ist Ihre Aufgabe. Suchen Sie sich ein Projekt aus, das Sie abgeschlossen haben oder an dem Sie zur Zeit arbeiten. Nehmen Sie mit Ihrer ganzen Achtsamkeit wahr, welche Absichten in den Arbeitsvorgängen für dieses Projekt stecken: zum Beispiel, dass Sie das Projekt ordentlich zu Ende bringen oder schnell abschließen wollen, dass Sie es anderweitig nutzen oder dafür gelobt werden wollen. Vielleicht streben Sie auch an, es sich möglichst einfach und bequem zu machen. Finden Sie diese und andere Intentionen. Ziel ist es nicht, irgendeine Schlussfolgerung daraus zu ziehen, vielmehr sollen Sie Ihre (geheimsten) Absichten in diesem Projekt offen legen. Allein dadurch, dass Sie für sich selbst alle störende Intentionalität transparent machen, nehmen Sie den Absichten ihre negative Kraft.

2

Ein zentraler Satz im Christentum lautet: *Liebe deinen Nächsten wie dich selbst.* Viele Menschen bemühen sich verzweifelt, andere zu lieben und zu mögen. Sie sind dabei meist wenig erfolgreich, weil sie die Bedingung für die Nächstenliebe, die Selbstliebe, vernachlässigen. Ohne uns selbst zu lieben, sind wir jedoch nicht fähig, andere zu lieben.

In dieser Übung sollen Sie deswegen nach Gründen suchen, sich selbst zu lieben. Warum mögen Sie sich? Was schätzen Sie an sich? Was ist liebenswert an Ihnen? Beantworten Sie diese Fragen ohne innere Diskussion und ohne Selbstzweifel. Manchen Menschen fällt es schwer, diese Übung zu machen, denn sich selbst zu lieben wurde häufig in der Kindheit zum Tabu erklärt. Es braucht dann schon eine gewisse Hartnäckigkeit, bis Sie die große Fülle liebenswerter Aspekte, die in jedem Menschen stecken, entdecken können.

3 Finden Sie heraus, in welchen Fällen Sie die Verantwortung für das, was geschieht, anderen in die Schuhe schieben. Ein einfaches Beispiel: Jemand schleicht auf der Autobahn vor Ihnen her. Was werden Sie automatisch tun?

Sie werden dem Langsamfahrer die Schuld dafür geben, dass Sie zu spät zu Ihrem Termin kommen. Neben diesen Situationen, die unser Leben nur marginal beeinträchtigen, übertragen wir auch in viel ernsteren Fällen pausenlos Verantwortung: Der Partner hat die Beziehung ruiniert; die Erziehung der Eltern hat dazu geführt, dass wir permanent unzufrieden mit uns selbst sind oder in Abgründe versinken; die Unfähigkeit der Mitarbeiter ist der Grund für einen verloren gegangenen Auftrag oder für ein Produkt, das zum Flop wurde; die schlechte Wirtschaftslage vermasselt uns das Geschäft; die Gene, der Mangel an Zeit, das fehlende Geld, die fehlende Rücksichtnahme... Es gibt Tausende von Gründen, warum nie wir selbst, sondern immer andere Ereignisse und andere Menschen schuld sind. Die meisten von uns sind unentwegt darum bemüht, nach solchen Gründen zu suchen und damit die Verantwortung abzuwälzen. Das allerdings ist wenig heilsam, weil dadurch nur verhindert wird, dass wir Konsequenzen aus dem Geschehenen ziehen.

Prüfen Sie daher ganz genau, in welchen Momenten Sie die Verantwortung abschieben. Das bedeutet nicht, ab sofort alle Schuld der Welt auf sich selbst zu laden. Stellen Sie lediglich ganz neutral fest, wann Sie sich wieder einmal nicht zuständig fühlen für das, was passiert – denn in solchen Momenten verspüren Sie auch nicht den Drang, etwas an sich selbst zu ändern. Und das wäre schade, weil das einzige Ziel unseres Daseins die Veränderung und damit die Weiterentwicklung ist.

X

Die innere Vollkommenheit einer Sache
hat eine natürliche Beziehung
auf Schönheit.

IMMANUEL KANT
1724 - 1804

Von der Kunst der Einfachheit

Erinnern Sie sich an die Weltausstellung Expo 2000 in Hannover? Nach einem langwierigen und komplizierten Ausscheidungsverfahren hat unsere Agentur damals den Auftrag erhalten, die Weltausstellung unter kommunikativen Aspekten zu betreuen und zu entwickeln. Das war eine sehr große und zugleich ehrenvolle Aufgabe. Mit entsprechendem Engagement gingen wir an sie heran. Bald stellte sich jedoch heraus, dass die wechselnden Geschäftsführungen ebenso wie die Mentalität, mit der das Thema angegangen wurde, einer positiven Kommunikation im Wege standen. Was war passiert? Mit deutscher Gründlichkeit war die Weltausstellung vorbereitet worden. Alles musste perfekt und vom Feinsten sein und alles musste funktionieren. Das führte zwangsläufig dazu, dass die Weltausstellung und alles, was damit zusammenhing, immer komplexer wurden. Sicherlich liegt es im Wesen eines jeden Ereignisses dieser Größenordnung, komplex zu sein. Ab einem gewissen Maß wird es allerdings unübersichtlich und schwer kommunizierbar.

Das, was die Komplexität der Weltausstellung gemindert hätte, wäre eine einfache Leitidee, eine simple Symbolik gewesen. Der Hannoveraner Großveranstaltung fehlte es jedoch in jeglicher Beziehung an Einfachheit. Das Management war nicht bereit, sich darauf einzulassen – wohl aus der Sorge heraus, dass Einfachheit mit Schlichtheit und das wiederum mit undeutsch und nicht erfolgreich gleichgesetzt werden könnte. Dabei ist gerade das einfache Symbol ein unverwechselbares, einzigartiges Markenzeichen jeder großen Weltausstellung. Der Eiffelturm in Paris ist das prominenteste Beispiel dafür.

In Hannover waren die Verantwortlichen verrannt in die Idee, es allen und jedem recht zu machen – insbesondere der Politik. Was dabei herauskam, war Durchschnitt und Mittelmaß. Sicherlich konnte das Publikum einige interessante Exponate sehen, aber eben ohne eine zentrale Idee, ohne den Spirit dahinter, der hätte aufhorchen lassen. Es geht auch anders. Der große ökumenische Kirchentag in Berlin im Jahr 2003 hatte einen solchen zentralen Leitgedanken: „Ihr sollt ein Segen sein." Und so erwies sich diese Zusammenkunft von evangelischen und katholischen Christen als ein beseeltes Ereignis, von dem viele Teilnehmer noch heute schwärmen.

Eine Idee ist also immer dann gut, wenn sie einfach ist. Mehr noch: Hinter allen guten Ideen steht der Anspruch, Vorgänge zu vereinfachen. Beispielsweise sollte die Erfindung des Autos den Transport und den Verkehr vereinfachen, die des Telefons die Kommunikation und die des Computers das Rechnen und Schreiben. Mit dem Internet schließlich wurde der weltweite Kontakt zwischen Menschen und der Zugang zu Informationen und Waren vereinfacht. Was sich anfangs als geniale Idee herausstellt, die uns das Leben erleichtert, verselbstständigt sich in der Folge allerdings schnell und weitet sich zu einem immer komplexeren System aus. Diese Entwicklung scheint das Schicksal der Welt und der Menschheit zu sein. Egal wie einfach etwas beginnt, es hat stets den Drang, so lange zu wachsen, bis es vor dem Kollaps steht. Manager sollten sich dieser Gefahr immer bewusst sein. Sie sind die Wächter der Einfachheit und müssen komplexe Strukturen, sofern sie bereits entstanden sind, möglichst schnell wieder reduzieren. Ansonsten ereignet sich das, was jeder von uns aus eigener oder aus der Erfahrung anderer kennt: Abteilungen oder ganze Unternehmen sind aufgrund ihrer

Komplexität eines Tages nicht mehr handlungs- und führungsfähig. Dies tritt vor allem dann ein, wenn die Kommunikationsstrukturen zu kompliziert und zu undurchschaubar geworden sind. Dabei liegt gerade der Zweck der Kommunikation in der Vereinfachung, denn ihr oberstes Ziel ist, verständlich zu sein. Der Erfolg der Boulevardzeitungen und der entsprechende Trend bei den Regionalzeitungen belegen die Sehnsucht der Menschen nach Vereinfachung.

Die Vorzüge der Einfachheit haben sich jedoch längst noch nicht überall herumgesprochen. Ich hatte verschiedentlich die Gelegenheit mir aus der Perspektive eines Kunden Wettbewerbspräsentationen von unterschiedlichen Anbietern und Agenturen anzusehen. Das frustrierende Erlebnis dabei war, dass sich fast alle bemühten, ihre Präsentation und ihre Empfehlungen möglichst weitschweifig, facettenreich und raffiniert zu gestalten. Warum ist das so? Einfachheit assoziieren Menschen offensichtlich damit, dass sich jemand wenig Mühe gegeben hat, komplexe Zusammenhänge nicht richtig durchschauen kann, nicht intelligent genug ist oder den Anforderungen nicht gewachsen ist. Um auf keinen Fall mit diesen Eigenschaften in Verbindung gebracht zu werden, senden viele Signale aus, die das krasse Gegenteil der Einfachheit symbolisieren. Sie versuchen Vorgänge möglichst komplex darzustellen, damit sie hochintelligent und äußerst ambitioniert wirken. Tatsächlich fallen viele Kunden genau darauf herein: auf Kampagnen, die durch nichts anderes bestechen außer durch ihre Komplexität. Sie berücksichtigen dabei nicht, dass nur das Einfache eine Chance auf Durchsetzungsfähigkeit hat. Je komplexer ein Vorhaben ist, desto stärker ist der Widerstand dagegen. Das können wir aus der Physik lernen. Aus diesem Grund bahnen sich Schiffe mit der Spitze und nicht mit der Breitseite ihren Weg. Auch ein Pfeil bietet kaum Angriffsfläche und trifft daher, erst einmal in die richtige Richtung gelenkt, auf höchst effiziente Weise sein Ziel. Deshalb ist er zum Symbol für die Einfachheit und Unmittelbarkeit geworden.

Natürlich existiert auch eine dumme Form von Einfachheit, hinter der Schlampigkeit, Eintönigkeit und wenig Engagement steckt. Sie bietet keine intelligenten Lösungen an. Bei der Einfachheit, um die es an dieser Stelle geht, ist jedoch immer eine kreative Idee im Spiel. Jeder von uns hat schon mindestens einmal erlebt, dass er vor einer Erfindung oder einem Produkt stand, das ihn durch Simplizität verblüffte und von dem er gesagt hat: *Das hätte mir auch einfallen können.* Solche Ideen sind die wirklich genialen.

Lässt sich das Prinzip der Einfachheit eigentlich auf die Gesellschaftssysteme dieser Welt projizieren? Betrachten wir dafür China unter Mao Tse Tung. Dieses einfache, auf Gleichförmigkeit in den Werten und im Leben der Menschen ausgerichtete System hat eine katastrophale Verarmung der Bevölkerung mit sich gebracht. In diesem Fall war die Einfachheit zumindest in materieller Hinsicht wenig von Nutzen. Wer daraus den Umkehrschluss zieht, dass komplexe Gesellschaftssysteme immer bestens funktionieren, liegt jedoch falsch. Im auf Komplexität ausgerichteten Westen passiert derzeit Ähnliches wie im China der vergangenen Jahrzehnte. Die einseitige Hinwendung zur Vielfalt führt hier zu einer Verarmung im Geiste und in der Erlebnisfähigkeit. Das bedeutet: Die einseitige Orientierung – sei es in Richtung auf Komplexität oder hin zur Einfachheit – beschert uns auf Dauer immer ein unliebsames Ergebnis. Das oben beschriebene Prinzip der einfachen Idee, die stets genial und erstrebenswert ist, lässt sich damit ohne Weiteres auch auf komplexe Strukturen übertragen, wenn das System sich lernfähig verhält.

Nun ist es so, dass die Gesellschaftssysteme in allen ihren Ausprägungen und Entwicklungsstufen meist nicht auf Einfachheit, sondern auf Vielfalt zielen. Der Grund dafür liegt wohl in unserer Angst, mit der fehlenden Komplexität könnten

Armut und Verlust an Anerkennung einhergehen. Vielfalt dagegen setzen wir mit Fülle gleich. Mit ihr assoziieren wir materiellen wie geistigen Reichtum und sie ist deswegen zu einem begehrten Objekt geworden. Dabei darf es in unserer Welt eigentlich keine Entscheidung zwischen Einfachheit und Vielfalt geben. Beide haben eine Existenzberechtigung und nur die Fähigkeit zum Wechsel zwischen ihnen führt zum Erfolg.

Das einseitige Streben nach Reichtum beispielsweise hat gravierende Auswirkungen auf unser Leben. Der Geldwerterhaltung wird konsequenterweise eine ungeheure Bedeutung beigemessen. Wir verwenden unsere gesamte Energie dafür, unser Geld zu erhalten und zu vermehren. Eine ganze Industrie lebt davon. Was das in uns bewirkt, zeigt die Geschichte „Der reiche Jüngling" aus dem Neuen Testament (Matthäus 19,23): Ein junger, wohlhabender Mann wird von Jesus aufgefordert, ihm nachzufolgen und all seinen Reichtum abzugeben. Der Mann resigniert, weil er erkennt, dass er zu einer solchen Leistung nicht fähig ist. Uns wäre es wahrscheinlich ebenso ergangen. Dabei ging es Jesus natürlich nicht vordergründig darum, dass der junge Mann nur materiell arm werden sollte, sondern er sollte seinen Reichtum an „Haben" aufgeben können. Das umfasst auch das konventionelle Wissen, die Erkenntnisse und die Meinungen. Das Abgeben des Reichtums steht als Metapher für die Fähigkeit loslassen zu können. Natürlich wird niemand in diesem Leben wirklich alles loslassen. Denn: Wie sollten wir uns weiterentwickeln können, wenn wir wirklich alles Materielle und Geistige in uns an andere verschenken würden? Das ginge gar nicht. Niemand muss also morgen unbedingt sein Hab und Gut unter das Volk bringen, um den Gesetzen der Einfachheit Genüge zu tun. Es geht hier um die Fähigkeit loslassen zu können. *„Tun wollen und es getan zu haben, das ist vor Gott gleich"*, wusste schon Meister Eckhart, und das zeigt auch diese Zen-Geschichte:

Ein Zen-Schüler, der in seiner Lehre weit fort geschritten war, wollte eine sehr reiche Frau heiraten. Immer häufiger kamen starke Zweifel in ihm hoch, ob diese Verbindung wohl gut gehen könnte. Als Zen-Schüler hatte er sich ganz der Einfachheit verschrieben und würde nun bald sehr reich sein. Passte das zusammen?

Um sich Rat zu holen, ging er zu einem Zen-Meister und erzählte ihm von seinen Nöten. „Oh", sagte der, „wie wohlhabend du bist – das ist nicht wichtig. Entscheidend ist, ob du abhängig davon bist." Der Zen-Schüler signalisierte zögerlich, dass er die Worte begriffen habe. Der Meister erwiderte daraufhin: „Da du verstanden hast und nicht an einer der beiden Seiten hängst, ist es egal, ob du viel oder wenig Geld hast."

Wenn Menschen unbedingt einfach sein wollen und sich diesem Ziel völlig hingeben, nimmt das häufig skurrile Züge an. Beispielsweise gibt es in den USA heute noch die im 18. Jahrhundert in England entstandene Sekte der Shaker, die sich ganz und gar der Einfachheit verschrieben hat. Neben einer starken Frömmigkeit zeichnet diese christliche Religionsgemeinschaft ein strikter Purismus aus, der alle Lebensbereiche umfasst. Jede Form von Luxus wird vermieden, selbst das Verzieren von Möbelstücken ist verpönt. In einem ihrer berühmtesten Lieder, das den Titel „When simplicity is gained" trägt, beschreiben die Shaker, wie durch Einfachheit Freiheit entsteht. Voraussetzung ist natürlich, dass die Einfachheit nicht gleich wieder zwanghaft wird. Einfach zu sein, führt zunächst zu einem großen Maß an Entspannung, denn es ist leichter, das Gewicht des Lebens zu tragen, wenn wir dabei nicht so viel Ballast mit uns herumschleppen müssen.

Einfachheit macht uns darüber hinaus sensibler. Wir werden weniger von den vielen, meist überflüssigen Dingen des Alltags abgelenkt, wodurch unsere Wahrnehmungsfähigkeit ebenso wie unser intuitives Gespür für Situationen steigt.

Viele Teilnehmer an den Seminaren, die ich gebe, bestätigen das. Wenn sie eine Woche lang *einfach* nur in Meditation verbracht haben, nehmen sie alle Sinneseindrücke wie das Hören, Riechen und Schmecken deutlich stärker wahr. Auch die intuitive Wahrnehmungsfähigkeit wird erheblich intensiviert. Die erhöhte Sensibilität bringt natürlich unweigerlich mit sich, dass Menschen verletzlicher werden. Deswegen scheuen viele davor zurück, einfach zu sein. Zudem verlangt Einfachheit immer auch nach Konzentration auf das Wesentliche – aber allein das Wort Konzentration schreckt die meisten bereits ab, hat es in unserer westlichen Welt doch den unangenehmen Beigeschmack von Erstarrung, Zwanghaftigkeit und Anstrengung. Dabei ist mit Konzentration in diesem Fall lediglich Hinwendung gemeint, die zu einer tiefen Durchdringung, zum Einswerden mit einer Sache führt. Bei diesem Einswerden wird die Zerrissenheit der Welt, die wir sonst überall in ihrer Komplexität wahrnehmen, aufgelöst. Ein solcher Zustand ruft das tiefe Gefühl großer Freude in uns hervor. Sie ist die Belohnung für das Einfachsein. Überall dort, wo die Freude zu Hause ist, existiert auch Einfachheit und überall dort, wo wir nur auf ernste Mienen treffen und wo nicht gelacht wird, überwiegt die Komplexität. Letzteres geschieht sehr oft, weil wir uns aus Bequemlichkeit oder um des lieben Friedens willen dem Mainstream der Gesellschaft, der nun einmal komplex ist, anpassen.

Gegen den Strom zu schwimmen und zum Beispiel dem Vorstand einen ganz simplen Vorschlag zu unterbreiten, bedarf einer gehörigen Portion Mut und Selbstsicherheit. Denn: Wer einfache Ideen an den Mann bringen will, läuft Gefahr ausgelacht zu werden. Dieses Auslachen ist weniger ein freudiges, ja freundliches Lachen, es ist voller Boshaftigkeit, der Ausdruck von Spott und Hohn. Lassen Sie sich davon nicht beirren! Viele großen Geister, die geniale Dinge erfunden haben, wurden zunächst belächelt. Carl-Friedrich Benz etwa, der 1884 sein mit einem Benzinmotor angetriebenes Dreirad vorstellte. Der Spott, den er damals für den „pferdelosen Wagen" erntete, konnte den Siegeszug des Automobils nicht verhindern. Oder Gerald L. Pearson, Daryl M. Chapin und Calvin S. Fuller, drei US-amerikanische Forscher, die 1954 die Siliziumsolarzelle erfanden. Als sie die neuartige, zunächst noch wenig leistungsstarke „Batterie" dem Pentagon präsentierten, war das Gelächter groß. Das sollte sich aber schon bald ändern, denn in der sowjetischen Raumfahrt fand die Technik bereits ein paar Jahre später im ersten Satelliten des Alls, dem Sputnik, Anwendung. Sie diente als leichte Energiequelle zum Funken von Signalen. Seitdem boomt der Markt und heute versorgen die Solarzellen kleinste Einheiten wie Armbanduhren, Campingkocher und Taschenrechner ebenso mit Energie wie Parkscheinautomaten und ganze Häuser. Außerdem entstehen rund um den Erdball Solarkraftwerke, die Lichtenergie im großen Stil in Strom verwandeln. Die Solarzelle ist damit ein Beispiel für eine bahnbrechende Entwicklung, die mit einer einfachen, unspektakulären und zunächst verspotteten Idee begann.

Übungen

Hätten sich alle Erfinder rund um den Globus vom Hohn ihrer Kritiker einschüchtern lassen, würden wir wohl heute noch in Felle gekleidet um Lagerfeuer sitzend wilde Tiere grillen, oder wahrscheinlich nicht einmal das. So allerdings können wir die Errungenschaften der Technik ungeniert genießen oder heftig auf sie schimpfen. Warum haben die großen Geister sich ihren Spöttern so tapfer und erfolgreich widersetzt? Möglicherweise kannten sie die Gedanken in diesem Buch und die folgenden Übungen.

1

Sitzungen und Meetings sind bekanntlich unvermeidbar. Gleichzeitig sind sie die Inkarnation der Komplexität. Dort wird das Komplexe geradezu zelebriert und genau darauf zielt die zugegebenermaßen etwas provokante erste Aufgabe ab. Sollten Sie einmal ein solches Treffen leiten, bestehen Sie darauf, dass

1. einfache Fragen gestellt und
2. einfache Antworten gegeben werden.

Sollten Sie lediglich Teilnehmer eines solchen Meetings sein, dann versuchen Sie einmal, den Hauptvortragenden mit einfachen Fragen aus dem Konzept zu bringen. Wenn Sie das freundlich und mit der nötigen Portion Humor machen, umso besser. Dann hat der andere die Möglichkeit, sein Gesicht zu wahren.

2

Formulieren Sie morgens vor dem Gang zur Arbeitsstelle, im Urlaub vor dem Frühstück oder wo auch immer Sie sich gerade befinden einen kurzen, prägnanten Satz über das, was Sie von dem angebrochenen Tag erwarten. Stellen Sie sich dabei am besten vor einen Spiegel und sagen Sie zum Beispiel: *Das ist ein schöner Tag*. Oder: *Heute löse ich das Problem XY.* Wichtig ist, dass Sie diesen Satz in der Gegenwartsform formulieren.

Diese Übung ist wie eine Programmierung für den ganzen Tag. Ich verspreche Ihnen, dass das Gesagte in deutlich mehr als 50 Prozent aller Fälle in Erfüllung gehen wird. Die Wahrscheinlichkeit dafür steigt, je einfacher und klarer die Aussage des Satzes ist.

3

Die folgende Aufgabe ist ein Training für das ganze Leben. Ihr Thema ist die Freude, die wir empfinden, wenn etwas sehr Komplexes lustvoll zum Einfachen gewendet wird. Diese freudvolle Erfahrung des Einfachen kann jeder üben und ich empfehle Ihnen dringend, diese Erfahrung regelmäßig zu üben. Die Aufgabe setzt sich aus zwei Teilen zusammen.

Im ersten Teil sollten Sie über diese Fragen nachdenken: Wann haben Sie sich zum letzten Mal so richtig gefreut? Was war das für eine Erfahrung? Wann hatten Sie diese Erfahrung: gestern, vor vier Wochen oder vor zehn Jahren? Oder haben Sie sich vielleicht noch nie in Ihrem Leben gefreut?

Der zweite Teil dieser Aufgabe besteht darin, die folgende Frage zu beantworten: Worauf freuen Sie sich? Ich habe mit etlichen Menschen darüber gesprochen und viele haben geantwortet: „Da gibt es nichts, da fällt mir nichts ein." Dann habe ich nachgehakt: „Denken Sie doch einmal an heute Abend – sie kommen nach Hause, trinken ein Glas Bier oder Rotwein. Freuen Sie sich darauf?" „Ja, natürlich freue ich mich darauf", war die Antwort. Sie sehen, dass es möglich ist, sich auf ganz einfache, unspektakuläre Dinge zu freuen. Wir meinen oft, Freude sei etwas ganz Besonderes. Dabei ist das Potenzial zur Freude unentwegt in allem enthalten, was wir erleben. Sie kann uns beim Einsteigen ins Auto und beim Anlassen des Motors ebenso begegnen wie an der Käsetheke, beim Mittagessen im Kasino oder bei der Begrüßung des Partners. Ein Telefonat im Büro, ein Stolperer auf der Straße, ein Versprecher bei einem Vortrag, ein freundliches oder ein unfreundliches Wort – all das kann uns erkennen lassen, wie komisch die Welt ist. Sie müssen dafür lediglich die entsprechende Erwartungshaltung mitbringen. Noch einmal: Freude ist etwas, dass in allem und jedem steckt. Wir haben die Aufgabe, sie aufzuspüren. Deshalb empfehle ich Ihnen, sich nicht nur auf das übliche positive Denken, sondern vor allem auf die Wiederentdeckung der Freude zu konzentrieren – selbst in den scheinbar unangenehmen Dingen des Lebens werden Sie die Freude finden. Sie ist überall enthalten, denn unsere Welt ist nun einmal polar. Es gibt den Tag nur, weil es die Nacht gibt, und umgekehrt. Das Gute können wir nur entdecken, weil wir einen Begriff davon haben, was schlecht ist. Und deswegen kann etwas Trauriges nur existieren, weil dahinter die Freude steckt.

Beantworten Sie sich vor diesem Hintergrund noch einmal die Ausgangsfrage: Worauf freuen Sie sich? Vielleicht freuen Sie sich jetzt gerade darauf, dass etwas in Ihrem Leben schief geht, weil Sie die Komik hinter der Tragik erkennen.

XI

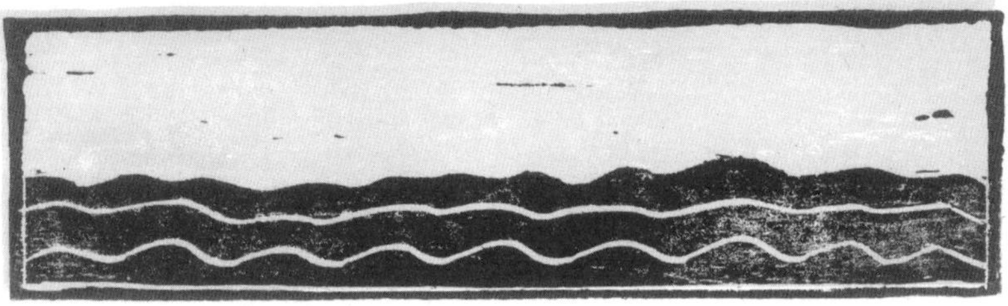

Bei gleicher Umgebung lebt doch jeder in einer anderen Welt.

ARTHUR SCHOPENHAUER
1788 - 1860

Wahrheit und Lüge – das Spiel der Illusionen

Vor einigen Jahren hatte ich das Vergnügen, Aldi-Gründer Theo Albrecht zu beraten. Der Anlass war eher trivial. Es ging um die Einführung von Mehrwegflaschen in Supermärkten. Aldi wehrte sich mit Händen und Füßen dagegen, und das so sehr, dass sogar Hilfe von außen in Anspruch genommen wurde, was sehr ungewöhnlich für das Unternehmen ist. Wir trafen uns in seinem Essener Domizil, einem schlichten, auf Zweckmäßigkeit ausgerichteten Bürogebäude, in einem Besprechungsraum mit einfachen, funktionalen Möbeln. An der Decke hing eine Kette mit Neonröhren, von denen jede zweite ausgeschaltet war. Die Gruppe von Experten, die zum Thema Mehrwegflaschen geladen war, wartete, bis Theo Albrecht eintrat. Seine erste Amtshandlung: Er drehte den Thermostat, der sich direkt neben der Tür befand, von 18 auf 16 Grad herunter. Verschwendung gibt es im Hause Albrecht nicht.

Dann begann die Sitzung. In deren Verlauf wollte ein Teilnehmer wissen, warum Theo Albrecht nicht mehr in der Öffentlichkeit zu sehen wäre. Die Antwort kam prompt und war so verblüffend einfach wie sein Geschäftskonzept: „Wenn Sie mir einen Grund nennen, warum ich deswegen mehr verkaufe und mehr Umsatz mache, dann werde ich das sofort tun." Dieser Satz saß – zumindest bei mir. Er hat mich von da an wie ein mahnender Zeigefinger durch mein Berufsleben begleitet. Denn tatsächlich müssen wir uns stets fragen: Wann ist Kommunikation sinnvoll? Ist sie wirklich zielführend? Oder ist sie nur Selbstzweck, dient sie der Befriedigung von Eitelkeiten? Oder tun wir etwas, weil die Konkurrenz sich dafür entschieden hat? Immer wieder stand ich vor diesen Fragen, und viele Kunden waren sehr dankbar dafür, dass ich ihnen sagte: „Lassen Sie es, machen Sie nichts. Warten Sie ab und sparen Sie sich das Geld." Bei solchen Ratschlägen spielte nicht nur eine Rolle, dass Kommunikation sehr kostspielig ist. Vielmehr war entscheidend, wie unglaublich schwer die Wirkung von Kommunikation zu kalkulieren ist. Das gilt nicht nur in Zeiten völliger Reizüberflutung. Ein Teil des Markterfolges der Agentur PLEON Kohtes Klewes liegt wohl darin, dass wir den Kunden nicht auf Teufel komm raus Kommunikationskonzepte andienen, sondern vorab mit ihnen gemeinsam abwägen, ob und inwieweit eine intensive Öffentlichkeitsarbeit zum gegebenen Zeitpunkt überhaupt einen Nutzen bringt. Das hat zwar dazu geführt, dass uns so manch lukrativer Auftrag verloren ging, zeichnet uns und alle Berater, die ebenso vorgehen, jedoch auch aus. Es ist ein Zeichen für Unabhängigkeit und für Redlichkeit, womit wir bei einem wichtigen und häufig unterschätzten Thema angelangt sind: der Wahrhaftigkeit und der Wahrheit.

Dazu folgendes Beispiel von einem unserer Kunden, einem großen Chemieunternehmen, das Titandioxid herstellt. Titandioxid ist ein Weißmacher, der in Lacken, Kunststoffen, in Papier, als Farbstoff in Süßigkeiten und als strahlenabweisendes Pigment in Sonnenschutzmitteln und Textilien enthalten ist. Leider fällt bei der Herstellung umweltschädigende Dünnsäure an. Früher wurde dieses Abfallprodukt nach einem speziellen Verfahren, das mit den Umweltbehörden abgestimmt war, in der Nordsee entsorgt, so dass der Schaden für das Gewässer gering war. Objektiv betrachtet wurde die Umwelt durch die so genannte Verklappung also nur wenig bis gar nicht belastet. Dennoch hatte sich Greenpeace Anfang der 1980er Jahre auf die Fahne geschrieben, diese Form der Entsorgung zu verhindern, und das mit Erfolg: Die Situation eskalierte dermaßen, dass sich der Chemiebetrieb durch die

Aktionen der Umweltorganisation schließlich in seiner Existenz bedroht sah, denn ohne Dünnsäure war die Herstellung von Titandioxid nicht möglich. Die Unternehmensführung zog daher in Erwägung, an anderer Stelle in der Welt zu produzieren, wo die gesetzlichen Bestimmungen nicht ganz so hart und die Greenpeace-Aktivisten nicht derart präsent waren. Bevor sich die Verantwortlichen endgültig für diesen Schritt entscheiden wollten, wurde jedoch zunächst unsere Agentur zu Hilfe gerufen. Wir sollten die Politik und die Öffentlichkeit davon überzeugen, dass die Dünnsäure-Ausleitung in die Nordsee ein sehr sinnvolles und vernünftiges Verfahren war, das gegenüber anderen Formen der Entsorgung viele Vorteile besaß. Daraufhin haben wir die Meinungslage im Land analysiert und kamen zu dem Schluss, dass es wenig sinnvoll war, auf der Verklappung zu beharren. Unserem Kunden haben wir das in aller Deutlichkeit mitgeteilt und erklärt: „Wenn Sie darauf bestehen, dann können wir den Auftrag nicht annehmen." Wir taten dies aus fester Überzeugung und obwohl es um sehr viel Geld ging.

Zum Glück waren die Verantwortlichen des Chemieunternehmens einsichtig. In einem lange währenden Prozess haben wir gemeinsam nach einem Ausweg gesucht und ihn schließlich gefunden. Es musste ein anderes Verfahren der Dünnsäure-Entsorgung angewendet werden, für das sogar der Bau einer neuen Fabrik notwendig war. Das Unternehmen handelte dabei zwar zunächst gegen die eigene Überzeugung, hatte dafür jedoch die einmalige Chance, Glaubwürdigkeit und Ansehen in der Öffentlichkeit zurückzugewinnen. Der große Erfolg gab der Entscheidung Recht. Als das neue Werk eröffnet wurde, staunte die Öffentlichkeit, der Umweltminister kam persönlich in den neuen Betrieb und Greenpeace war zufrieden. Jeder wähnte sich auf der Gewinnerseite.

Ist es nicht häufig so, dass wir genau wissen, was richtig oder falsch ist, weil wir die Fakten kennen, und es uns trotzdem nicht gelingt, andere von unserer Meinung zu überzeugen? Tatsache ist: Was für uns gewiss ist, muss für andere noch lange nicht wahr sein. Als Jesus vor 2000 Jahren in seiner Anhörung vor Pilatus sagte: *„Ich bin dazu geboren und in die Welt gekommen, dass ich die Wahrheit bezeugen soll"*, da fragte der Statthalter Jerusalems ganz trocken: *„Wahrheit, was ist das?"* Dieser Bibeltext (Johannes 18,37/38) wird häufig als nichts Besonderes, als kleine Episode am Rande abgetan. Er ist jedoch von entscheidender Bedeutung, denn die Frage nach der Wahrheit ist zentral für unser Dasein: Leben wir in Wahrheit oder in Unwahrheit? In einer kürzlich veröffentlichten Untersuchung kam heraus, dass Kinder bereits im Alter von eineinhalb bis zwei Jahren anfangen, bewusst die Unwahrheit zu sagen. Selbst Tiere lügen, soweit sie geistig dazu imstande sind. Lügen gehören also offensichtlich zum (Über-)Leben.

Wer jetzt die ethische Komponente ins Spiel bringt und sagt, die Unwahrheit zu sprechen sei nicht in Ordnung, der sollte darüber nachdenken, wie unglaublich schwierig das Finden von Wahrheiten ist. Um zu verstehen, wie sehr Wahrheit und Unwahrheit von der jeweiligen Perspektive abhängen, brauchen wir uns nur die politischen Großkonflikte auf der Erde anzuschauen. In vielen Regionen prallen völlig gegensätzliche Weltsichten auf engstem Raum aufeinander. Mit ungeheuerlicher Härte kämpfen religiöse Überzeugungstäter, die jeweils ihre eigene Wahrheit haben und sogar bewusst ihr Leben dafür lassen.

Ist Wahrheit also etwas völlig Unerreichbares? Pilatus beantwortete diese Frage ganz eindeutig. Er war davon überzeugt, dass es die eine Wahrheit nicht gibt, und ich meine, er hat Recht. Einmal angenommen, dass alle Richter der Welt die Wahrheit über eine Begebenheit herausfinden wollen, so können sie lediglich versuchen, das Geschehene mit den Spielregeln der Gesellschaft in Einklang zu bringen. Herauskommen wird dabei immer nur eine Annahme von dem, was als relative Wahrheit akzeptiert wird. Diese ist allein schon deswegen nicht in ihrer ganzen Tiefe ergründbar, weil unsere Gesellschaftssysteme auf völlig unterschiedlichen Vorstellungen von Werten und vom Zusammenleben beruhen. Somit kann der Einzelne immer nur einen Teil der Wahrheit verstehen und formulieren: *seine* Wahrheit.

Verstehen Sie mich bei den oben gemachten Ausführungen bitte nicht falsch. Die Tatsache, dass die eine Wahrheit nicht existiert, sollten Sie nicht als Freibrief dafür nehmen, nun loszulügen, was das Zeug hält. Hierzu ein Beispiel: Welche Führungskraft hat sich nicht schon mindestens einmal am Telefon verleugnen und die Sekretärin so etwas Ähnliches sagen lassen wie: „Herr Dr. Sausewind ist zur Zeit auf Geschäftsreise." Sie werden jetzt vielleicht denken, dass sei nicht gelogen, vielmehr der Versuch die Geschäfte harmonisch zu gestalten. So mag es sein. Nach ähnlichem Muster ziehen sich auch Kinder häufig aus der Affäre. Die Frage ist nun, ob eine solche Vorgehensweise besonders hilfreich und klug ist. Führen diese offenkundigen Verdrehungen der unmittelbaren Wahrheit nicht automatisch dazu, dass wir unser ganzes Leben in ein stetig wachsendes Lügengebäude verwandeln? Ich bin der Ansicht, genau das ist bei vielen Menschen der Fall. Dabei versuchen sie nicht nur unentwegt, anderen etwas vorzumachen, sondern zudem belügen sie sich selbst, und zwar so lange, bis sie die Lüge für etwas Wahres halten. Warum machen wir das? Diese vermeintliche Wahrheit gaukelt uns Sicherheit und Stabilität vor. In Wirklichkeit ist sie jedoch nur eine Annahme von dem, was ist. Intuitiv weiß jeder: Das, was wir zur Wahrheit erklären, ist vergänglich, flüchtig und letztlich nur Illusion.

Wer das nicht erkennen will und sich allzu sehr auf bestimmte Wahrheiten oder auf die große eine Wahrheit versteift, wird das Leben und die Welt nur aus einer stark verengten Sicht betrachten können. Ich habe oft gehört, dass

Manager sagten: „Unsere Produkte sind objektiv betrachtet besser als die der Wettbewerber." Sie zählten viele Kriterien dafür auf, was sie in dieser Meinung bestärkte. Trotzdem verkauften sich die Konkurrenzprodukte in weitaus größerer Stückzahl. Was steckte dahinter? Die Wahrheit der Verbraucher war eben eine andere als die der Manager. In einem Fall mochten unterschiedliche Ansichten über Farben ausschlaggebend sein, in einem anderen war vielleicht das Preis-Leistungs-Verhältnis entscheidend. Das bedeutet: Was ein Manager an seinem Produkt gut findet, wird von den Verbrauchern eventuell gar nicht wahrgenommen oder nicht in seiner Bedeutung erfasst. In diesem Sinne hat jeder seine eigene Wahrheit, was letztlich zu einem Potpourri vieler Einzelwahrheiten führt. Diese Erkenntnis hat Epiktet, griechischer Stoiker und Philosoph (um 50 - 138 n. Chr.), in dem Satz zusammengefasst: *„Nicht Tatsachen, sondern Meinungen über Tatsachen bestimmen das Zusammenleben."* Die Wahrheit ist also nicht das, was wirklich ist, sondern das, was wir denken und meinen.

Zurück zu Theo Albrecht: Als Beispiel für die Durchsetzungsfähigkeit seines Konzeptes berichtete der Aldi-Chef während unseres Treffens von der Eröffnung des ersten Aldi-Marktes in Blankenese, ein Hamburger Stadtteil, in dem besser Verdienende zu Hause sind. „Ein Billigladen in dieser vornehmen Gegend – das wird nichts werden", munkelten die Menschen kopfschüttelnd. Tatsächlich sei zunächst nur das Personal der reichen Leute gekommen, erzählte Albrecht und fügte amüsiert hinzu: Aber es habe nicht lange gedauert, da kaufte das Personal auch für den Chef und die Chefin ein. Nach einigen Jahren schließlich kamen die vornehmen Blankeneser persönlich ins Geschäft. An diesem Beispiel zeigt sich, wie sehr die vermeintliche Wahrheit, dass billig und die feinere Gesellschaft nicht zusammenpassen, eine Illusion ist, die sich im Laufe der Zeit wandeln kann. Fakten und Wahrheiten sind also keine starren Gebilde, sondern im Grunde genommen nur Hilfsmittel, um Stabilität in ein an sich unendlich instabiles, ständig fließendes und fluktuierendes Leben zu bringen.

Das Buch des Psychologen Paul Watzlawick „Wie wirklich ist die Wirklichkeit?" liefert eine Fülle von Beispielen für die völlig entgegengesetzten Wirklichkeitsauffassungen von Menschen. Besonders interessant ist ein Fall, in dem ein Skandinavier mit einem Geschäftspartner aus Südeuropa zusammentrifft. Während des Gesprächs rückt der Südeuropäer seinem Gegenüber immer näher, weil er es so gewohnt ist. Der Nordeuropäer dagegen versucht Abstand zu halten und weicht zurück. Beide empfinden die Situation als äußerst unangenehm. Der eine fühlt sich bedrängt, der andere hat den Eindruck, sein Gesprächspartner laufe vor ihm weg. Dabei wollte jeder nur die für sich als richtig empfundene Distanz einhalten. Das musste misslingen, weil beide völlig unterschiedliche Vorstellungen von dem haben, was der richtige Abstand ist.

Angenommen, dass unsere Wirklichkeit nur eine Anhäufung von Illusionen wäre, es also tatsächlich eine Wahrheit nicht gäbe, dann wäre das Lügen nicht besonders schlimm. Ist es auch nicht. Allerdings hat das Lügen einen Nachteil: Es führt zu einem Stau unserer Lebensenergie. Wenn Sie sensibel in sich hineinspüren, können Sie das selbst wahrnehmen. Es ist das unangenehme Gefühl, dass das Lügen etwas festhält oder aufschiebt, was eigentlich heraus will. Dieser innere Druck, auch wenn wir ihn nicht sofort wahrnehmen, verursacht Stress. Viele Lügen führen zu viel Stress. Und jeder weiß, dass Anhäufung von Stress erhebliche Gesundheitsrisiken birgt. Noch fataler sind jedoch die Auswirkungen auf unsere seelische Gesundheit. Die permanente Selbsttäuschung, die ja nur „Sinn" macht, wenn wir unsere Umgebung täuschen, ist letztlich eine Verschwendung von Lebensenergie. Das ist der Grund, warum wir gut beraten sind, die Möglichkeit zu lügen nur in besonderen, klug ausgewählten Fällen zu nutzen. Je mehr es möglich ist – besser gesagt: je mehr wir uns trauen –, uns auf die eigene Wahrheit einzulassen, desto leichter finden wir zu unserer authentischen Person. Wenn das gelingt, ist es eine überwältigende Erfahrung von Freiheit.

Gibt es denn nichts wirklich Wahres? Meister Eckhart hat darüber gesagt: *„Alle Dinge sind nichts. Reines Nichts. Ich behaupte nicht, dass sie irgendetwas seien, sondern dass sie reines Nichts sind."* Dieser Gedanke wurde in einem Erlass des Papstes Johannes XXII. aus dem Jahre 1329 als ketzerisch verurteilt, denn auch die Kirche unterlag und unterliegt heute noch der Täuschung, dass es etwas Wirkliches gibt. Tatsächlich existieren jedoch nur Annahmen, in einem bestimmten Moment aufscheinende Phänomene, die sich schon im nächsten Augenblick als transparent und relativ erweisen können. Eine solche Sichtweise ist für Menschen, die auf Glaubensgrundsätze bauen, nur schwer zu ertragen. Wer Dogmen predigt, versucht zu fixieren. Das allerdings bewirkt das Gegenteil von dem, was die Aufgabe des Menschen ist, nämlich frei zu sein. Letztlich führt das Festhalten an Wahrheiten und Glaubenssätzen immer zu einer Erstarrung, und alles, was erstarrt ist, stirbt, wie bereits Lao Tse im Tao Te King beschrieben hat:

Der Mensch wird geboren weich und schwach und
stirbt hart und stark.

Die Gräser und Bäume treten mit Leben ins Leben,
weich und zart und sterben trocken und dürr.

Also: Das Harte und Starke begleitet den Tod,
das Weiche und Zarte begleitet das Leben.

Darum: Sind die Kriegsheere stark, siegen sie nicht.
Sind die Bäume stark, werden sie gefällt.

Das Große und Starke sinkt nieder, das Weiche und Schwache steigt empor.

Die Erstarrung ist das Symbol des Todes. Wollen wir leben, haben wir nur eine Möglichkeit: Wir müssen weich und fließend bleiben und uns nicht an vermeintliche Wahrheiten klammern, so schwer uns das fällt. Wahrheiten als momentane Annahmen zu sehen ist eine wichtige Voraussetzung dafür, lebendig zu bleiben. Wenn aber das Leben nur aus Annahmen besteht und damit letztlich Illusion ist, dann ist es der Tod auch. Das Erkennen dieser Transparenz des Lebens, der Nichtfixiertheit, führt dazu, dass wir die Angst vor dem Tod reduzieren. Das lässt uns unser Leben leben, ohne uns ständig vor dem Tod zu fürchten.

Das Leben können wir uns vorstellen wie einen langen Traum, in dem wir davon überzeugt sind, dass das Erlebte völlig real ist. Erst wenn wir aufwachen, stellen wir manchmal erleichtert, manchmal mit Bedauern fest, dass es nur ein Traum, eine Illusion, war. Genau das ist die Erfahrung, die viele Mystiker, spirituelle Menschen und Geisteslehrer gemacht haben: Sie sind aufgewacht und haben das Leben mit seiner ganzen Fixierung durchschaut. Man nennt diesen Zustand Erleuchtung oder Erlösung – was eben nichts anderes bedeutet als aufzuwachen. Das Bild des auferstandenen Jesus, der vom Tode *aufgewacht* ist, symbolisiert diese Erfahrung, das Durchschauen der Nichtrealität in unserer Welt, ebenfalls. Und selbst die Quantenphysik ist der Sache mittlerweile auf der Spur. Sie ist weiter denn je davon entfernt, die physikalische Wirklichkeit als objektiv und berechenbar beschreiben zu wollen. *„Warum ist nicht nichts?"*, fragte der New-Yorker Teilchenphysiker und Buchautor Brian Greene kürzlich die Spiegel-Leser.

Damit Sie mich nicht missverstehen: Sie sollen jetzt nicht Ihre Karriere aufgeben oder sich aus dem Alltagsleben zurückziehen, um in Klausur möglichst bald Erleuchtung zu erlangen. Weit gefehlt! Dieses Kapitel will lediglich aufzeigen, wie wichtig es ist, zu erkennen, dass es nicht nur eine Wahrheit über ein bestimmtes Ereignis, einen Grundsatz oder den Charakter einer Person gibt, sondern sechs Milliarden Ansichten – so viele, wie Menschen auf der Erde sind. Diese Erkenntnis ist deswegen so wertvoll, weil wir durch sie zu der beruhigenden Einsicht gelangen, dass unsere Wettbewerber meistens fixiert sind und deshalb das Spiel des Lebens nicht so gut beherrschen, auch wenn sie vielleicht momentan durch viel Aufwand und Tricksen die Nase vorn haben. Wenn wir das Spiel der Illusionen kennen und durchschauen, fällt es leichter, den nächsten Zug zu machen – und der Wettbewerber wird vielleicht völlig überrascht davon sein. Dazu passt folgende Zen-Geschichte aus dem alten China, die den Abschluss für dieses Kapitel bildet:

> *Eines schönen Tages wünschte sich ein bekannter Zen-Meister, der mittlerweile in die Jahre gekommen war, nicht wie sonst Essen und Trinken, sondern ein ihm gebührendes Gewand zum Sterben. Seine Schüler und die Nachbarn des Klosters meinten es gut mit ihm und boten ihm eifrig Kleidung an. Er lehnte alles dankend ab.*
>
> *Schließlich erhielt auch ein anderer Zen-Meister, der nicht weit entfernt residierte, Kunde von der Bitte des alten Mannes. Sofort ließ er einen Sarg anfertigen, den er dem Meister zusammen mit einem Stück Papier überreichte, auf dem geschrieben stand: Ich habe für dich ein angemessenes Kleid herstellen lassen – verfüge darüber, wie, wann und wo du willst.*
>
> *Der alte Zen-Meister war außer sich vor Glück und dankte seinem Gönner für dessen große Weisheit und*

Güte. Den Menschen erzählte er, dass er am darauffolgenden Tag am Osttor der Stadt in die große Verwandlung eingehen, also sterben, würde. Diese Sensation wollte sich niemand entgehen lassen und so trafen sich die Bürger der Stadt am nächsten Tag am Osttor. Als sie alle versammelt waren, verkündete der Meister: „Heute bin ich nicht bereit, aber morgen am Südtor werde ich sicher in die Verwandlung eingehen."

Und so liefen die Menschen einen Tag später zum Südtor und hörten den Zen-Meister sagen: „Morgen trefft ihr mich am Westtor." Aber auch dort passierte nichts und ab sofort glaubten die Bewohner der Stadt dem alten Mann nicht mehr. „Er will uns auf den Arm nehmen, er will uns eine Illusion aufzeigen", sagten sie sich und folgten ihm nicht zum Nordtor.

Dort stand der Meister am folgenden Tag ganz alleine, stieg in seinen Sarg und bat einen Mann, der zufällig vorbeikam, den Deckel zu schließen. Und so ging der bekannte Zen-Meister in die große Verwandlung ein.

Übungen

Wie alles braucht auch die Erkenntnis und die Entdeckung, dass Wirklichkeit letztlich nur Illusion ist, viel Training. Deshalb stelle ich Ihnen im Folgenden drei Übungen vor, die Sie im Alltag regelmäßig und ganz nebenbei machen können.

❶ Die erste Übung nenne ich die Umkehrmethode: Wann immer Ihnen ein Dogma begegnet, eine so genannte Wahrheit, versuchen Sie, diese aus einer Perspektive zu betrachten, die sie als Lüge entlarvt. Probieren Sie das auch dann, wenn Ihnen die Wahrheit heilig ist und sehr am Herzen liegt. Überlegen Sie so lange, bis Sie einen Blickwinkel entdeckt haben, aus dem sie Ihnen falsch, unpassend, ungenau, oberflächlich oder irreal erscheint. Bei Glaubensgrundsätzen religiöser Art gelingt das relativ schnell, bei ethischen Grundsätzen – wie *Du sollst nicht töten* – ist es häufig schwieriger.

Bei dieser Übung kommt es nicht darauf an, eine neue Wahrheit zu finden. Vielmehr zielt sie darauf ab, unser Bewusstsein dafür zu schulen, sich nicht einseitig auf eine Wahrheit zu fixieren, sondern zu erfahren, dass jede auch ihre Kehrseite hat. Wiederholen Sie die Übung so oft, wie Sie können. Egal, welchen Grundsatz Sie dabei untersuchen: Sie werden erkennen, dass sich jede Wahrheit der Lüge überführen lässt. Das *Paradoxon des Epimenides* verdeutlicht das. Der Kreter Epimenides, der als Weiser, Priester und Wundertäter um ca. 600 v. Chr. gelebt hat, soll gesagt haben: *„Alle Kreter sind Lügner."* Hat Epimenides also selbst gelogen? Wenn ja, sagen dann nicht alle Kreter die Wahrheit? Aber was ist mit dem Kreter Epimenides, der doch gelogen hat? Das Paradoxon lässt sich intellektuell nicht auflösen, ist jedoch ein wundervolles Beispiel dafür, wie nahe Wahrheit und Unwahrheit verwandt sind.

2

Die zweite Übung gehört zu den schwierigsten im ganzen Buch: Finden Sie die Wahrheit über sich selbst heraus. Wer sind Sie wirklich? Ich weiß, dass die meisten Menschen vor der Lösung dieser Frage zurückschrecken, weil sie tabuisiert ist. Wir haben ungeheure Angst, auf der Suche nach der Wahrheit unseren dunklen, verschütteten Seiten zu begegnen. Wir fürchten uns davor, zu entdecken, dass wir in unserem Innersten nach Geld oder Macht gieren, chronische Lügner oder Egoisten sind, dass wir betrügen oder uns jedes Mittel recht ist, um unseren eigenen Vorteil zu suchen. All das wollen wir gar nicht sehen. Stattdessen zeichnen wir uns unsere Wirklichkeit schön, was dazu führt, dass wir die von uns nicht akzeptierbaren, festgefahrenen Wahrheiten in uns abkapseln oder verdrängen.

In dieser Übung sollen Sie sich bewusst mit Ihren inneren, verborgenen Seiten konfrontieren. Dabei stoßen Sie an die Grenzen dessen, was Ihr Ego bereit ist zuzulassen (siehe Kapitel XIV). Aus diesem Grund ist die Aufgabe, herauszufinden, wer Sie wirklich sind, so schwer. Sie ist weder in einer Stunde noch in einem Tag zu lösen. Die Übung wird Sie über Wochen, Monate oder sogar Ihr ganzes Leben lang begleiten. Hilfreich ist sie deswegen, weil Sie nur dann, wenn Sie um die Existenz Ihrer inneren Wahrheiten wissen, die Chance haben, sich von ihnen zu befreien. Nur wer sich dem Feind stellt und nicht vor ihm wegläuft, ist in der Lage, ihn zu besiegen.

3 Bei dieser Übung werden Sie das *Lügen üben*. Sie werden lernen, die Wahrheit bewusst auf den Kopf zu stellen. Diese in Kreativtechniken angewendete Methode beruht ähnlich wie die erste Übung dieses Kapitels darauf, entgegengesetzte Perspektiven zu entwickeln. Das soll uns zu lateralem Denken verhelfen und unseren Erkenntnisgewinn steigern.

Nun ist es gar nicht so leicht, unbekümmert die Unwahrheit zu denken oder zu sagen. Wir müssen tatsächlich lernen ungeniert zu schwindeln. Die Lügengeschichten des Barons von Münchhausen können uns dabei unterstützen: Sie sollen die Tabuisierung des Lügens aufheben und schaffen das auch. Sie sind deswegen so hilfreich, weil sie zeigen, dass die Funktion des Lügens in erster Linie darin besteht, unser Überleben zu sichern. Soll heißen: In Lebensgefahr ist es möglicherweise unbedingt notwendig, die Kunst des Schwindelns zu beherrschen. Lügen muss also nicht notgedrungen negativ sein. Wenn wir das erkannt haben, verschwindet das schlechte Gewissen, das sich automatisch einstellt, sobald wir die Unwahrheit sagen.

Flunkern Sie vor diesem Hintergrund also ruhig ungezwungen und munter drauflos. Lügen Sie, bis sich die Balken biegen. Stellen Sie die wildesten Behauptungen auf. Erfinden Sie die verrücktesten Geschichten über sich selbst und andere. Tabus gibt es nicht. Erlaubt ist alles, was gefällt. Dies ist eine Übung, die Sie schriftlich machen oder mit einem Partner ausprobieren können. Sprechen Sie aber vorher mit ihm darüber, damit es nicht zu unnötigen Missverständnissen kommt. Am besten spielen Sie sich gegenseitig die Bälle zu. Testen Sie in verschiedenen Lebensbereichen vorsichtig an, wie es sich anfühlt, wenn Sie *bewusst* die Unwahrheit sagen. Sie werden sehen, dass das befreite Lügen eine völlig andere Qualität hat als verklemmtes, verschämtes Schwindeln: Sind Sie erst einmal auf den Geschmack gekommen, macht hemmungsloses Lügen nämlich ungeheuren Spaß – Baron von Münchhausen lässt grüßen. Im Job lässt sich diese Methode sogar praktisch nutzen. Wollen Sie ein Produkt oder Vorgänge in einem Unternehmen planen, werden Sie sich viele strategische Gedanken machen, wie der Erfolg herbeizuführen ist. Wenn Sie genauso intensiv ein Szenario entwickeln, wie der Misserfolg bewirkt werden könnte, werden Sie wahrscheinlich auf neue, kreative Ideen kommen, die sich für Ihr tatsächliches Ziel wunderbar nutzen lassen.

XII

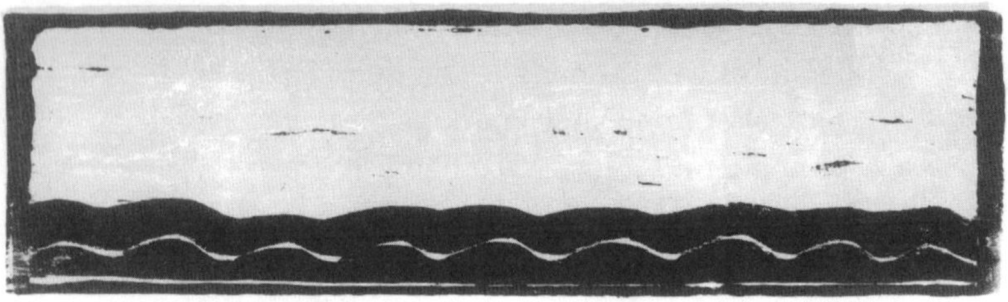

Nur der Irrtum ist das Leben
und das Wissen ist der Tod.

FRIEDRICH SCHILLER
1779 - 1805

Teamwork und Spiel – die Kunst, erfolgreich zu verlieren

In Europa steht die Entwicklung des Individuums hoch im Kurs. Sie ist die zentrale Idee, an der sich die westliche Kultur seit der Durchsetzung des Humanismus orientiert. Im Osten ist dagegen die Kultur der Gemeinsamkeit sehr viel ausgeprägter. Dieses Bewusstsein für die Abhängigkeit von den Mitmenschen hat seine Vor- und Nachteile. Ich erinnere mich an eine kleine Begebenheit in Kamakura in Japan, wo ich mich zum Meditieren in verschiedenen Zen-Tempeln aufhielt. Auf dem Weg zu einem Tempel stand ich an einer Ampel und wartete auf Grün. Neben mir stand eine Frau und wartete ebenfalls. Als es grün wurde, konnte ich mich nicht entscheiden, ob ich auf diesem oder einem anderen Weg gehen wollte. Ich blieb also stehen. Die Frau rührte sich ebenfalls nicht von der Stelle und wartete so lange, bis andere Menschen kamen und schließlich mit ihr gemeinsam die Straße überquerten. Die Frau war offensichtlich nicht in der Lage, alleine über die Straße zu gehen. Das tun Menschen in Japan eben nicht.

Im Westen, wo die Eigenständigkeit und ein elitärer Individualismus eine ausgesprochen große Bedeutung gewonnen haben, würden wir niemals so reagieren. Trotzdem wird sich selbst ein erfahrener Lebenskünstler irgendwann eingestehen müssen, dass sich Glück nicht ganz ohne das Mitwirken anderer einstellen wird. Deswegen ist es wichtig zu wissen, wie wir andere in unser Leben einbinden und sie zu Mitspielern unseres Glücks machen. Bei der Idee des Teamworks, die heutzutage in allen Unternehmen gepflegt wird, ist die Kultur der Gemeinsamkeit in Ansätzen bereits enthalten. Nehmen wir einmal an, Sie sind Mitglied eines Teams, das die Markteinführung eines revolutionären Produktes vorbereiten soll. In diesem Team arbeiten verschiedene Disziplinen zusammen. Was geschieht in solchen Fällen? Oft wird nicht nur auf die klare Zielsetzung zugesteuert, sondern viele Mitarbeiter visieren zudem ein weiteres, für sie sogar wichtigeres Ziel an: Sie wollen mit dem Projekt persönlich und im Team gut dastehen. Dies geschieht vor allem dann, wenn die Mannschaft aus lauter Einzelspielern besteht, die nichts anderes im Kopf haben, als den Wettbewerb zu gewinnen. Dabei streben sie jedoch nicht in erster Linie nach der Spitze der Liga, vielmehr ist es ein Wettbewerb um persönliche Aufmerksamkeit, Anerkennung, Lob und Überlegenheit. Die männliche Seite in uns ist geradezu darauf programmiert, sich als Individuum durchzusetzen und zu gewinnen. Der amerikanische Wissenschaftler Georg Franck geht in seinem Buch „Ökonomie der Aufmerksamkeit" sogar so weit, dass er den Wunsch nach Beachtung zur entscheidenden Triebkraft des Menschen überhaupt zählt. Das gälte für Männer ebenso wie für Frauen, die im Berufsleben inzwischen viele männliche Eigenschaften übernommen haben beziehungsweise wohl oder übel übernehmen mussten, um konkurrieren zu können.

Als Individuum alleine zum Erfolg? Eigentlich sollten wir es besser wissen: Spätestens seit der Physiker, Autor und New-Age-Mann Fritjof Capra und die ökologische Bewegung ihre Wertvorstellungen und Ansichten von Ganzheitlichkeit der Öffentlichkeit unterbreitet haben, ist die Idee des „Alles ist mit allem verbunden" Allgemeingut geworden. Die Erkenntnis der Allverbundenheit wird von den Menschen jedoch als Leerformel einfach so hingenommen, ohne etwas zu bewirken. Im Gegenteil: Wir lassen es zu, dass die energetischen Prozesse in einem Team gegeneinander laufen und nicht gebündelt auf das zentrale Ziel gerichtet werden. Die logische Konsequenz ist eine schlechte energetische Ausbeute. Den anderen Weg zu gehen, also als Team ohne Wenn und Aber konzentriert an der Aufgabe zu arbeiten, ist allerdings gar nicht so einfach. Verfolgt der Teamleiter andere Interessen als die Mitglieder, von denen wiederum jedes seine eigenen Belange im Auge hat, dann verselbstständigen sich die Dinge sehr schnell und die in das Projekt fließende Energie wird stark geschwächt.

Eventuell sagen Sie sich jetzt, *wenn ich nicht mehr gewinnen darf, interessiert mich das hier alles nicht,* und schlagen das Buch resigniert zu. Bevor Sie das tun, lesen Sie bitte noch die nächsten Zeilen. Gewiss *dürfen* Sie auch weiterhin Ihren persönlichen Profit aus der Arbeit schlagen, zum Glück müssen Sie es aber nicht. Gewinnen kann Spaß machen und reizvoll sein, wird aber in dem Moment kritisch, in dem es zwanghaft geschieht. Der beste Weg, sich aus diesem Zwang zu lösen, ist das Spielen, das mindestens ebenso lustvoll sein kann. Und damit wagen wir uns auf ein Terrain, das in der Wirtschaft nur ungern wahrgenommen und nur selten betreten wird, aber dennoch wunderbar funktioniert: der spielerische Umgang mit den professionellen Zielen und mit den persönlichen Schwierigkeiten des Lebens.

Nach Meinung vieler entspricht das der Oberflächlichkeit unseres Zeitgeistes und führt dazu, dass nichts mehr ernst genommen wird. Allerdings ist das Gegenteil richtig. Dazu ein Beispiel aus meiner eigenen Berufspraxis: Im Verlauf einer Partnerversammlung unserer Agentur hatten wir sehr intensive und grundsätzliche Auseinandersetzungen über den zukünftigen Weg der Firma und die Art der Zusammenarbeit zwischen den unterschiedlichen Bereichen. Ein Partner hatte sich besonders stark engagiert und war sehr erregt. Nachdem die Veranstaltung gegen Mittag zu Ende gegangen war und alle Beteiligten auseinander strömten, stand er grübelnd am Fenster, blickte hinunter auf die Straße und sah, wie ich aus dem Haus ging und einen Geschäftsfreund auf das Freundlichste begrüßte. Einige Wochen später hat er mir heftige Vorhaltungen gemacht, dass ich diesen Geschäftspartner derart herzlich und locker begrüßt hatte – nach so einer kontroversen Sitzung, nach so aufregenden, streitvollen Stunden und einer so großen Betroffenheit. Offensichtlich hätte ich die Versammlung nicht richtig ernst genommen. Ich war sehr bestürzt über den Vorwurf, enthält er doch die Befürchtung, dass wir immer dann, wenn wir mit Leichtigkeit von einem zum nächsten Ereignis springen, nicht ernsthaft bei der Sache sein können. Viele Menschen denken so und machen sich das Leben dadurch unnötig schwer. Haben wir dieses Vorurteil dagegen überwunden, bekommt die Vorstellung, das ganze Leben könne spielerisch ablaufen, einen enormen Reiz. Was hat es damit auf sich?

Schon Shakespeare sagte: *„Die ganze Welt ist eine Bühne."* Wenn das so ist, dann sind wir die Darsteller, die die Rollen spielen – was bedeutet, dass wir sie bei Bedarf auch wechseln können. Je deutlicher uns bewusst wird, dass wir immer nur in Rollen auftreten, desto leichter wird es uns fallen, von einer Rolle in die nächste zu schlüpfen. Jedes Festhalten an einer bestimmten Rolle ist mit einer Fixierung verbunden, die uns einschnürt und dazu führt, dass wir unnötig Leid erfahren und uns quälen. Rollen leicht zu wechseln heißt dagegen, dass wir die Identität unseres Seins mühelos verändern können. Da wir ständig eine Identität gegen die nächste eintauschen, ja sogar eintauschen müssen, ist es wenig sinnvoll und sogar hinderlich, uns dagegen zu sperren. Es ist eben nicht so, dass wir nur eine einzige Rolle im Leben spielen: Auf der Arbeit sind wir Vorstandsmitglied, Assistent, Auszubildender, Sekretärin oder Wissenschaftler, zu Hause übernehmen wir den Part des Lebensgefährten oder Mitbewohners und wenn wir mit unseren Freunden unterwegs sind, präsentieren wir uns vielleicht als Entertainer oder Seelentröster. Wir sind Vater oder Mutter, das Kind unserer Eltern, Hausmann oder -frau,

Nachbar, Patient, Sportler oder Verkehrsteilnehmer. Unentwegt spielen wir unterschiedliche Rollen. Das Problem dabei ist, dass wir uns ihrer nicht mehr bewusst werden und deswegen so schwer aus ihnen herausschlüpfen können. Mit der Zeit nehmen die Rollen maskenhafte Züge an, die uns wenig Raum zur Veränderung bieten. Wir erstarren, fühlen uns eingengt und können dadurch nicht spielerisch mit dem Leben umgehen.

Speziell Führungskräfte neigen dazu, sich an ihrem Status festzuklammern – je höher ihr Rang ist, desto größer ist ihr Wunsch, dass das eigene Rollenbild nicht angetastet wird, also in Gefahr gerät. Hierzu ein Beispiel: Als unsere Agentur noch nicht besonders groß und bekannt war, zählten wir einen bedeutenden Konzern zu unserem Kundenkreis, den wir bei einem so genannten „Change"-Prozess als Kommunikationsagentur begleiteten. Der Auftrag stellte nicht nur eine professionelle Herausforderung dar, sondern darüber hinaus war das Unternehmen als prestigeträchtiger Kunde sehr wichtig für uns – insbesondere deshalb, weil der Vorstandsvorsitzende, ein in der Wirtschaftselite sehr bekannter Mann, sich persönlich um die Sache kümmerte. Eines Tages hatte er sich für acht Uhr morgens zu einer Besprechung in der Agentur angesagt. Ein großer Tag für die ganze Mannschaft. Alles war vorbereitet, alle waren anwesend und warteten gespannt auf das Eintreffen des hochrangigen Gastes. Der allerdings kam nicht – dachten wir. Um 8.30 Uhr erhielt ich dann einen Anruf aus dem Auto des völlig erbosten Vorstandsvorsitzenden: Er habe vor der Tür gestanden, aber niemand habe ihm auf sein Klingeln hin geöffnet! Man wolle ihn wohl nicht. Eine Katastrophe, die Klingel hatte versagt oder war überhört worden. Der Kunde war tödlich beleidigt. Wir hatten ihn in seiner Ehre gekränkt. Sein Status hatte Kratzer bekommen, weil wir ihn – vergeblich – warten ließen. Die Geschäftsbeziehung zu dem Konzern konnte zwar gerettet werden, die Beziehung zu dem Vorstandsvorsitzenden blieb jedoch lange Zeit ziemlich unterkühlt.

Welch kreatives Potenzial durch die Fixierung ungenutzt bleibt – wenn wir das spielerische Element des Rollenwechsels in uns also nicht ausleben –, zeigt eine weitere Begebenheit aus der Geschäftswelt: Ein großer deutscher Maschinenbaukonzern war in existenziellen wirtschaftlichen Schwierigkeiten. Nun stand die entscheidende Sitzung mit den Banken bevor. Unsere Agentur war zur kommunikativen Begleitung dabei. Der Vorstand des Unternehmens stellte sein Sanierungskonzept vor, worauf sich die Verantwortlichen der Banken weder besonders erfreut zeigten noch völlig ablehnend reagierten. Sie wussten, dass sie letztlich in diesen sauren Apfel beißen mussten. Den Konzern zu Grunde gehen zu lassen, würde bedeuten, dass ein ungleich größerer Schaden für sie selbst und für die ganze Wirtschaft entstünde, als wenn sie das Sanierungskonzept akzeptieren und noch einmal eine Tranche von vielen Millionen Euro nachlegen würden. So richtig entschlussfreudig präsentierte sich indes niemand, weil die Banker wussten, dass eine unangenehme Entscheidung getroffen werden musste, bei der es für niemanden viel zu gewinnen gab. Das Treffen zog sich hin, bis sich die Beteiligten schließlich auf den Tenor „Im Prinzip ja, wir machen das" einigten und die Sitzung erst einmal beenden wollten.

In unserer Funktion als Berater haben wir in diesem Moment die Initiative ergriffen und erklärt, ein solches Verhandlungsergebnis wäre für den Konzern letztlich tödlich und für die betreffenden Banken eine riesige Blamage. Das „Im Prinzip ja" würde in der Öffentlichkeit lediglich die Entscheidungsunfähigkeit aller dokumentieren. Dies als Ergebnis des Treffens zu verkünden, würde Interessenten wie Gläubiger unweigerlich auf- und abschrecken und hätte das Aus des Konzerns zur Folge. Als Alternative haben wir ein Spiel vorgeschlagen: Die Anwesenden sollten, ähnlich wie bei der Papstwahl, so lange in Klausur gehen, bis sie eine Formulierung gefunden hatten, die aus Sicht der Gläubiger Bestand haben würde. Tatsächlich haben sich alle auf dieses Spiel eingelassen. In einem speziell dafür zur Verfügung gestellten Raum rangen die Vertreter der Banken gemeinsam mit uns um ein öffentlich vorzeigbares Ergebnis. Schließlich wurde ein Kommuniqué ausgearbeitet, welches den eindeutigen Hinweis enthielt, dass die Banken den Sanierungskurs des Konzerns stützen und das notwendige Geld dafür bereitstellen werden. Wie das im Einzelnen verwirklicht werden sollte und welche Auswirkungen das für die Banken haben könnte, war völlig offen, in diesem Zusammenhang aber auch nicht von Bedeutung. Relevant war lediglich, dass bei diesem Spiel etwas herauskam, das nach außen hin Zuversicht ausstrahlte. Gleichzeitig stellte das veröffentlichte Kommuniqué für die Banken, die ja ihr Gesicht wahren wollten, die Verpflichtung dar, tatsächlich eine dauerhafte Lösung für den angeschlagenen Konzern herbeizuführen. Genau das ist in der Folgezeit geschehen.

Wir sehen an diesem Beispiel, wie wirksam der spielerische Umgang mit Aufgaben und Problemen für jedwede Lösungsfindung sein kann. Hierüber können wir im Übrigen nirgendwo mehr lernen als bei Kindern. Dabei geht es nicht darum, kindisch zu werden, sondern als Erwachsener eine Erfahrung aus der Kindheit wieder zu beleben. Schon Jesus Christus sagte zu seinen Jüngern: *„Wenn ihr nicht umkehrt und werdet wie die Kinder, so werdet ihr nicht ins Himmelreich kommen."* (Matthäus 18,3) Mit Himmelreich ist hier natürlich nichts Fernes gemeint, sondern die Erleuchtung in diesem Leben.

Das Besondere am Verhalten von Kindern ist *ihre* Gabe, die Identität in Sekundenschnelle wechseln zu können. Gerade noch löschen sie als Feuerwehrmann einen Brand, im nächsten Moment sind sie als Pirat unterwegs, schon verwandelt sich das klare Wasser in einen dunklen Wald, in dem sie als blutrünstige Wölfe auf Beutefang gehen, und einen Augenblick später wiegen sie sanft und liebevoll ihre Puppen im Arm. Kinder beherrschen die Kunst des Spielens und des Rollenwechselns aus dem Effeff. Sie gewinnen und sie verlieren, ohne sich lange bei dem Ergebnis aufzuhalten. Die Freude am Handeln ist wichtiger als der Effekt. Das ist das Wesentliche, was ein Spiel wirklich zum Spiel macht. Ideal wäre es, unser Leben ähnlich zu gestalten und dabei das gleiche unbändige Vergnügen wie die Kinder zu haben – egal ob wir das Spiel nun mit einem Sieg oder einer Niederlage beenden. Ist es nicht beneidenswert, wenn Menschen nicht verbissen darauf aus sind, ein Spiel zu gewinnen, sondern genießen können, dabei zu sein – ohne Absicht und befreit vom Druck auf Erfolg?

Skeptiker mögen erneut einwenden, dass das so einfach nicht funktioniert. Wenn alle nur noch spielten, wo kämen wir dann hin? Man müsse sich doch bemühen, um etwas zu erreichen. Das Leben sei keine Spielerei, sondern eine sehr ernst zu nehmende Veranstaltung. Jedem ist freigestellt, die Dinge so zu sehen. Indes bezweifle ich, dass Menschen, die so denken, in ihrer Welt glücklich sind. Zudem sei angemerkt, dass das Spiel die Ernsthaftigkeit ja nicht ausschließt. Die Geschichte des alten Zen-Meisters im vorangegangenen Kapitel (siehe Seite 148/149) hat gezeigt, dass es sogar möglich ist, spielerisch zu sterben. Die Schwermut des Lebens lässt sich im Spiel viel leichter ertragen. Überlegen Sie doch einmal, was Sie an Lebensqualität gewinnen, wenn Sie Ihren Alltag und Ihren Beruf leichter nehmen. Wenn Sie sich nicht mehr so stark mühen, anstrengen und verausgaben.

Der Leitsatz „Nur wer im Schweiße seines Angesichts arbeitet und das Letzte aus sich herausholt, hat den Erfolg verdient" ist das Grundprinzip einer konservativen Erziehung und längst überholt. Ein solches Handeln ist die pure Energieverschwendung und brennt uns innerlich aus. Demgegenüber verlieren Kinder umso weniger Energie, je mehr sie in ihr Spiel vertieft sind. Vergleichbar ist das mit der Erfahrung, sich mit etwas ganz und gar verbunden zu fühlen, ohne jede dahinter liegende Absicht eins mit etwas zu sein, es um seiner selbst willen ohne jeglichen Zwang zu tun. Wer diesen Zustand kennt, weiß, dass er angenehm, spannend und entspannend zugleich ist und uns durch und durch mit Freude erfüllt. Besonders leicht nachvollziehbar ist eine solche Erfahrung, wenn wir an die Kunst, das Zeichnen eines Bildes oder das Aufführen eines Musikstücks denken. Aber auch im Beruf besteht die Möglichkeit, einen solchen Zustand zu erreichen. Und damit kommen wir zum Teamwork, dem Ausgangspunkt dieses Kapitels, zurück. Gelingt es einem Team, ein Spiel aus einem Projekt zu machen, auf das sich jedes Mitglied voll und ganz einlässt – mit der Option zu verlieren ebenso wie zu gewinnen –, dann kann daraus ein aufregendes, ergreifendes und in den meisten Fällen äußerst erfolgreiches Unterfangen werden.

Trotz dieser Erfolgsaussichten hört die Bereitschaft zum Spielen in der Geschäftswelt meist schlagartig auf, wenn das Thema Finanzen auf den Tisch kommt. Deswegen möchte ich versuchen, die Bedeutung des Geldes am Ende dieses Kapitels kurz in den richtigen Kontext zu rücken. Wer sich eingehender mit diesem zentralen Thema des Wirtschafts- wie Privatlebens beschäftigen möchte, dem lege ich folgende Lektüre ans Herz: Das frühere Vorstandsmitglied der Deutschen Bank, Professor Hans Wielens, hat ein kluges Buch zum Thema „Geld & Spiritualität" geschrieben, in dem das Geld aus ganzheitlicher Sicht betrachtet wird.

Auf der Suche nach den Antworten auf zentrale Fragen des Lebens werden wir wie so oft auch in der Bibel fündig. Das Neue Testament gibt uns zum richtigen Umgang mit dem Geld zwei praktische und weise Ratschläge. Einer davon lautet:

So gebt dem Kaiser, was des Kaisers ist.

MATTHÄUS 22,21

Dieser Satz bedeutet in die heutige Zeit übertragen: Zahle Steuern, trickse nicht herum und tu mit dem Geld das, wofür es bestimmt ist. Der zweite Ratschlag findet sich in einer anderen Geschichte der Bibel (Matthäus 25,14): Es ist das Gleichnis von einem Mann, der verreist und seinen drei Knechten jeweils „Talente", also Kapital, zur Verfügung stellt. Der eine vergräbt das Geld, die anderen vermehren es. Nach seiner Rückkehr wird derjenige, der das Geld sicher verwahrte, es aber damit seiner Bestimmung entzog und es im übertragenen Sinne „sterben" ließ, von seinem Herrn bestraft. Gelobt werden die Knechte, die mit dem Geld etwas riskiert haben. Warum? Geld ist eigentlich nur geborgte Energie, die ihren Weg möglichst schnell zurück in den großen Energiekreislauf finden sollte. Wie das passiert, ist egal. Hauptsache, es geschieht. Dass wir unser Hab und Gut dabei auch auf ganz ungewöhnliche Weise unters Volk bringen können, zeigt eine Zen-Geschichte:

Ein Zen-Meister lebte in einer einfachen Hütte mitten im Wald fern jeder Zivilisation. Eines Tages, als er unterwegs war, schlich sich ein Einbrecher in sein bescheidenes Domizil und suchte nach materiellem Reichtum. Allerdings fand er kaum etwas Verwertbares.

Als der Zen-Meister in sein Heim kam, ertappte er den ungebetenen Gast auf frischer Tat. Er sagte zu ihm:

„Du bist sehr weit gelaufen, um mein Haus zu finden. Für deine Mühe möchte ich dir etwas geben. Ich habe jedoch nichts außer den Kleidern, die ich am Leibe trage. Nimm sie bitte!" Der Dieb war völlig verdattert. Er griff die Kleider des Meisters und stahl sich beschämt davon.

Der Zen-Meister saß unverhüllt vor seiner Hütte, betrachtete den Mond, der wunderbar am Himmel stand, und sagte dann leise vor sich hin: „Ach, könnte ich ihm doch auch den Mond schenken."

Der Zen-Meister gibt sein Hab und Gut, weil er eins ist mit dem armseligen Dieb und sich selbst vergessen hat. Auf den ersten Blick mag dies verrückt erscheinen. Bei genauerem Hinsehen erkennen wir jedoch, dass der Meister, der nichts zu verlieren hat, tatsächlich der Reichere von beiden ist. Es ist traurig, dass nur wenige Menschen die Einstellung dieses Zen-Meisters teilen. Die meisten kleben an ihrem Besitz und ihrem Geld. Dabei sollten wir alles dafür tun, um unser Geld wieder in Umlauf zu bringen. Ich selbst habe einige erfolgreiche Versuche unternommen, um es wieder loszuwerden.

Natürlich weiß ich, dass eine lockere Haltung zum Geld sehr schwer fällt. Da hilft es auch nicht, wenn wir uns klarmachen, dass wichtige Dinge im Leben oft unbezahlbar sind: das Foto vom ersten Schultag, das einmalige Souvenir aus dem Urlaub, ein langes Leben, Gesundheit, eine glückliche Partnerschaft und die Gelassenheit, das Leben so zu nehmen, wie es ist. Dazu passt dieses schöne Gedicht von Zen-Meister Fa Yän aus China, entstanden im 10. Jahrhundert n. Chr.:

Hat dein Herz erst wahre Ruhe gefunden,
herrscht Ruhe überall –

im Lärmen der Stadt zu den hektischsten Stunden,
im tiefsten und einsamsten Tal.

Ruhm, Vermögen, Ehre und Tandaradei,
die Trugbilder des warmen Lichts,
entpuppen sich alle als Gaukelei,
geträumt in der Leere des Nichts.

Bei dem Spiel Monopoly können wir lernen, dass es höchst nützlich sein kann, unser Geld loszuwerden. Wer sein Kapital hier möglichst rasch in Straßen, Häuser und Hotels investiert, der hat eine erheblich größere Chance richtig reich zu werden als diejenigen, die zaudernd durch das Spiel laufen. Geld wird damit auch eine Metapher für unsere Talente. Wenn wir unsere Talente zurückhalten, sie nicht entwickeln und sie nicht einsetzen, dann verkümmern sie und wir werden dafür bestraft. Von unserem Schicksal erhalten wir ständig mahnende Hinweise darauf, dass wir unsere Talente nutzen und sie investieren sollen. Sie haben richtig gehört! Verschwenden wir unsere Talente großzügig, sind wir zum guten Schluss nicht Verlierer, sondern stehen als Investoren auf der Gewinnerseite. Das will der Zen-Meister dem Kaufmann in der folgenden Geschichte sagen:

Aufgrund seines Erfolges brauchte ein großer japanischer Zen-Meister mehr Platz, um seine Schüler, die immer zahlreicher wurden, unterrichten zu können. Ein reicher Kaufmann entschied 500 Goldstücke, Ryo genannt, zu spenden, damit der Meister ein größeres Haus bauen lassen konnte. Das Gold war sehr viel wert. Ein Jahr lang konnte ein einfacher Mensch von drei Ryo leben.

Als der reiche Mann das Gold dem Zen-Meister gab, sagte der Beschenkte: „Ich nehme es." Dem Kaufmann missfiel das Verhalten des Meisters. Er überreichte ihm einen Sack voll Gold und dieser nahm ihn, ohne große Regung zu zeigen, entgegen und bedankte sich nicht einmal. Er raunzte den Meister an: „Ich habe dir 500 Ryo gegeben. Das ist viel Geld – auch wenn ich sehr reich bin!" „Gut, dann bedanke dich dafür, dass du sie geben kannst", entgegnete ihm der Meister und lächelte ihn an.

Übungen

Als Erwachsener das Leben wie ein Spiel zu betrachten, selbst aus Verlusten einen Gewinn zu ziehen und mit Geld spielerisch umgehen zu können, ist eine Kunst. Folgende Übungen sollen Ihnen helfen, die Fertigkeiten hierfür zu entwickeln.

1

Versuchen Sie, aus der Arbeit, einem Projekt oder einem Teamwork, egal ob Sie Mitglied oder Leiter sind, ein Spiel zu machen. Setzen Sie dafür Ihre ganze Phantasie ein. Spielen können Sie versteckt für sich alleine oder offiziell unter Beteiligung der Gruppe. Sie werden sich wundern, wie groß die Bereitschaft ist, an einem solchen Spiel mitzuwirken. Wir haben oft Angst uns zu blamieren, wenn wir vorschlagen, als Erwachsene zu spielen. Sie werden jedoch sehen: Alle warten nur sehnsüchtig darauf, dass das einmal passiert. Denn jeder weiß: Einen Job spielerisch zu machen ist angenehmer, bereichernder und motivierender, als ihn ernsthaft und verbissen zu erledigen.

2

Lassen Sie einmal diese Frage in sich wirken: Was macht das Verlieren mit mir? Dabei sind nicht die ganz großen Enttäuschungen des Lebens gemeint, sondern die vielen kleinen Frustrationen, mit denen wir fast täglich konfrontiert werden: wenn jemand an der Ampel schneller als Sie anfährt, wenn Sie im Restaurant den gewünschten Tisch nicht bekommen oder wenn ein Termin platzt. Immer dann, wenn Sie etwas verlieren, was Sie unbedingt haben wollen, prüfen Sie einmal, was mit Ihnen in Ihrem Inneren geschieht. Versuchen Sie, aus der damit verbundenen Enttäuschung und dem Ärger, der in Ihnen hochkommt, frische Energie zu schöpfen, indem Sie ergründen, ob in dem Verlust nicht auch eine andere Seite steckt. Was ist das Gute, vielleicht sogar das Bessere daran, dass Sie verlieren? In dieser dualen Welt hat alles (!) seine zwei Seiten. Im Guten steckt deshalb unweigerlich das Böse und im Unglück immer die Chance.

3

Die dritte Aufgabe ist vergnüglich und ein wenig riskant. Gehen Sie in eine Spielbank oder notfalls in eine Spielhalle und setzen Sie 10 oder 100 Euro – je nach Gusto. Tun Sie es mit der festen Absicht, sich zu amüsieren. Spielen Sie so lange, bis Sie keine Lust mehr haben.

Ganz gleich, ob der eingesetzte Betrag verspielt ist oder ob sie viel Geld gewonnen haben: Spielen Sie einfach nur aus Spaß. Genießen Sie die Atmosphäre, schauen Sie vergnüglich zu, wie die Räder sich drehen, wie die Kugel rollt und wie die anderen reagieren. Die 10 oder 100 Euro sind gut angelegt, sie sind Ihr Eintrittsgeld zum Vergnügen.

Ziel dieser Übung ist, das angespannte Verhältnis zum Geld loszuwerden, was im Übrigen keine Frage des persönlichen wirtschaftlichen Status ist. Es gibt Menschen, die ungeheuer reich sind und am Geld kleben. Das Gleiche gilt für Menschen, die bettelarm sind und deren ganzes Leben ebenfalls auf Geld ausgerichtet ist. Beides stimmt traurig, denn beides führt dazu, dass Fixierungen entstehen, die unser Dasein beherrschen und leider ganz und gar nicht vergnüglich sind: die Gier nach immer größerem Reichtum bei den einen und die Angst, kein Geld mehr zu haben, bei den anderen.

Zurück zum Spiel mit dem Geld: Die Wahrscheinlichkeit, dass Sie Geld gewinnen, wenn Sie es spielerisch einsetzen, wird erheblich größer sein, als wenn Sie es *strategisch* verspielen. Sie werden allerdings verstehen, dass ich für solche Selbstversuche natürlich keine Haftung übernehmen kann.

XIII

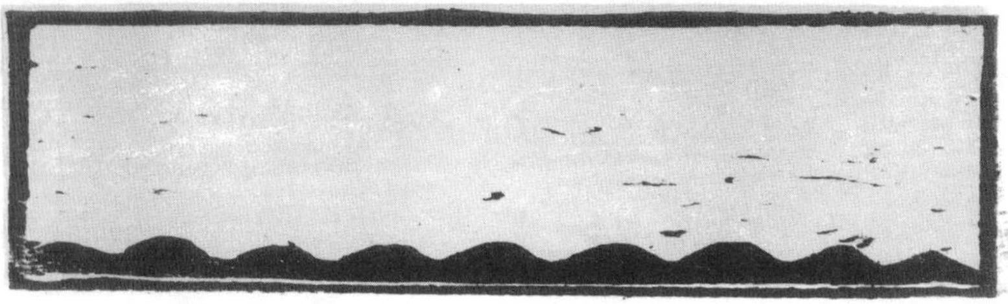

Tout est bon quand il est exessif.

Marquise de Sade
1740 - 1814

Leidenschaft – das Feuer, das uns frei macht

In einem Gespräch über die Besetzung der Vorstandsposition „Kommunikation" bei einer großen Aktiengesellschaft in München sagte mir der Vorsitzende: „Wissen Sie, ein wildes Pferd kann ich zügeln, aber aus einem lahmen Gaul wird niemals ein Rennpferd." Sensible Gemüter werden in dieser Bemerkung all ihre Befürchtungen bestätigt finden: In der Wirtschaft werden die, die ohnehin schon bevorzugt sind, die Rennpferde, gefördert, und die Benachteiligten bekommen keine Chance. Ökonomisch betrachtet ist ein solches Vorgehen in der Tat ein Erfolgsrezept. Mehr noch, es ist sogar ein Lebensprinzip: Das, was besser ist, setzt sich eben durch. Bevor wir darüber in eine vermeintlich durch Menschenfreundlichkeit ausgelöste Wut oder Melancholie (je nach Temperament) verfallen, sollten wir zunächst einmal überlegen, wie wir dieses Prinzip nutzen können – im Beruf und insbesondere für unsere ganzheitliche Persönlichkeitsentwicklung.

Dabei gilt: Niemand ist auf allen Gebieten Rennpferd und niemand ist immer nur Ackergaul. Deshalb macht es tatsächlich wenig Sinn, die eigenen Fähigkeiten als Ackergaul in einem Pferderennen einsetzen zu wollen – et vice versa. Es wird also vor allem darauf ankommen, unsere Talente (siehe dazu das vorherige Kapitel) zu entdecken, zu fördern und danach zu suchen, wo sie auf Bedarf treffen. Jeder Mensch hat solche Talente. Manchmal sind sie allerdings sehr gut versteckt. Sie werden sich jetzt vielleicht fragen, warum sie bei vielen Menschen unentdeckt bleiben. Die Antwort ist: weil sie nicht brennen. Das Feuer der Leidenschaft (egal wofür!) ist noch nicht entzündet.

Der verrückt-geniale Osho alias Bhagwan hat zur Bedeutung der Leidenschaft in unserem Leben einmal gesagt: *„Verzehre dich nicht nach dem Jenseits. Lebe das Diesseits, und zwar in aller Intensität, mit Leidenschaft. Lebe in ihm mit Totalität, mit Haut und Haar. Und aus diesem ganzen Vertrauen heraus, aus diesem Leben in Leidenschaft, Liebe und Freude wird sich dir das Jenseits auftun. Das Jenseits liegt im Diesseits verborgen."*

Die Leidenschaft, von der hier die Rede ist, ist grenzenlos. Sie zielt nicht auf das kurze Vergnügen, das letztlich nur „Leiden schafft". Es geht vielmehr um das, was wir Eros nennen. Bei den alten Griechen war Eros der Gott, der ursprünglich die ordnende Kraft im Entstehen der Welt repräsentierte. Salopp ausgedrückt könnten wir heute vom Eros als der „Lust zu leben" sprechen. Erotik ist nur ein Teil davon. Viele Menschen verlieren im Laufe ihres Lebens ihren Eros. Sie sind dann schon gestorben, obwohl sie noch auf der Erde herumlaufen. Folgende Erzählung aus dem orientalischen Raum verdeutlicht das:

> *Eine reiche Frau unterhielt, wir würden heute sagen sponserte, einen Eremiten, so dass dieser ein Dach über dem Kopf hatte und seinen Unterhalt ohne Arbeit bestreiten konnte. Sein Lebensinhalt war, in Stille vor sich hin zu meditieren und zur Selbstverwirklichung zu finden – zum Segen für sich und die ganze Welt. Nach einigen Jahren, in denen die Frau ihn beständig gefördert hatte, wollte sie testen, wie weit er in seiner Meditation und seinem asketischen Leben fortgeschritten war. Dafür schickte sie ihre Dienerin, ein junges, hübsches Mädchen, zu ihm – mit der Aufgabe, ihn zur Begrüßung herzlich zu umarmen und zu beobachten, welche Reaktion er zeigte.*

Das Kammermädchen ging zum Eremiten, begrüßte ihn und warf sich ihm in die Arme. Es spürte, wie der Eremit erstarrte, es ein wenig von sich wies und sagte: „Ich bin nur ein Eremit. Ich habe keine Gefühle dieser Art mehr. Ich bin wie ein alter Baum, trocken und kalt."

Das Mädchen kehrte zu der Herrin zurück und berichtete, was es erlebt hatte. Die Frau war empört über den Eremiten! Sie lief zu ihm, wütend zündete sie seine Hütte an und vertrieb ihn mit den Worten: „Was? Ist das alles, was du gelernt hast? Du empfindest kein bisschen Liebe in dir? Kein Mitgefühl? Das ist wirklich alles, was du in den vielen Jahren erfahren hast? Dass du erstarrt und erkaltet bist?"

Jeder kennt diese bedauernswerten Geschöpfe auch aus dem Berufsleben: Sie haben resigniert, sind freudlos, lustlos und das Einzige, was sie vielleicht noch antreibt, ist ihre Angst vor dem Tod. Dabei ist es doch unsere Aufgabe als Mensch, unseren Eros zu entdecken und bis zum Ende lebendig zu halten. Noch einmal: Es geht nicht um die blinde Leidenschaft, sondern um die Gestaltung des Lebens und um die Freude daran. Es geht um Neugierde und um die Fähigkeit, sich selbst zu verlieren. Die reinste Form des Eros, die frei von Kalkül und Egoismus ist, führt übrigens geradewegs zur spirituellen Erfahrung. Im indischen Tantrismus wurde die Idee entwickelt, diesen spirituellen Zustand über selbstlose Sexualität zu erreichen. Letztlich ist er jedoch über jedes selbstlose Tun erreichbar.

Nun haben manche Menschen von Natur aus einen starken Eros, also „ordnende Lebenskraft". Was aber machen die anderen, die ihn nicht haben, die sich vielleicht als klein, hilflos und unbedeutend in dieser Welt erleben? Dazu sei noch einmal an Meister Eckharts verblüffende Worte erinnert: *„Manche*

Menschen beklagen sich, sie hätten ‚es' nicht. Dann frage ich sie: ‚Habt ihr denn die Sehnsucht danach?' Und wenn du nicht einmal Sehnsucht danach hast, dann sehne dich doch wenigstens nach der Sehnsucht!" Zwei gegensätzlich klingende Eigenschaften sind für diese Erfahrung unerlässlich: Wille und Offenheit. Als der Philosoph Ernst Jünger anlässlich seines einhundertsten Geburtstages gefragt wurde, wofür er sich noch interessiere, antwortete er ganz fröhlich: *„Jetzt bin ich gespannt auf die Erfahrung des Sterbens."*

Im Berufsleben wird dem Willen meist mehr Bedeutung beigemessen als der Offenheit, denn hinter der Offenheit wittern viele Führungskräfte Chaos und Anarchie. Und sie haben Recht damit! Der in den Sprachgebrauch übernommene Slogan von Toyota „Nichts ist unmöglich" zeigt jedoch, dass Offenheit eine der entscheidenden Voraussetzungen für Innovationen ist. Schränken wir sie ein, berauben wir uns eines Großteils unseres kreativen Potenzials, weil die Zensur bereits in unserem Kopf stattfindet. Besser wäre es, zunächst einmal *alles* für machbar und denkbar zu halten. Alles ist erlaubt. Nichts ist verboten. Unserer menschlichen Natur nach sind wir frei. Verbote und Gebote sind lediglich Elemente, die ein zivilisiertes Zusammenleben der Menschen ermöglichen sollen. Mehr nicht!

Um herauszufinden, was das rechte Maß an Eros ist, brauchen wir zwei Leidenschaften: Mut und Vertrauen. Den Mut, Entscheidungen zu treffen und zu dem einmal eingeschlagenen Weg, den wir gehen wollen, auch zu stehen, und das Vertrauen, dass alles so, wie es geschieht, richtig ist. Das ist im Beruf leichter gesagt als getan. Beispielsweise sind in meiner Branche Wettbewerbspräsentationen zumindest auf Kundenseite sehr beliebt – aus einem Grund, der mir nicht klar ist, denn eigentlich bedeuten sie das Gegenteil einer vertrauensvollen Zusammenarbeit. Trotzdem müssen wir uns solchen

Präsentationen stellen. Da viele Kollegen, die daran mitarbeiten, unter starkem Erfolgsdruck stehen, habe ich die Devise ausgegeben, die Aufgaben mutig und unverkrampft anzugehen und darauf zu vertrauen, dass das Ergebnis, gleich wie es ist, in Ordnung geht: *Gewinnen wir, ist es wunderbar. Gewinnen wir nicht, ist es auch gut, denn dann ist uns dieser Kunde erspart geblieben.* Diese Einstellung führt dazu, dass die Mitarbeiter deutlich entspannter sind und souveräner an die Arbeit gehen. Wohl auch deshalb haben wir mit unserer Agentur in der Vergangenheit den größten Teil der Wettbewerbspräsentationen gewonnen.

Den Mut zu entwickeln, selbstbewusst an eine Sache heranzugehen, das lässt sich üben (siehe Übung 1 am Ende des Kapitels). Vertrauen in unsere Kraft und den Lauf der Dinge aufzubauen ist schon schwieriger. Es wächst durch loslassen – zum Beispiel, indem wir uns von dem Gedanken lösen, das tun zu *müssen*, was andere von uns erwarten, oder mit einer Präsentation unbedingt einen Kunden gewinnen zu *müssen*. Egal ob wir nun mit einer Präsentation, mit einer Produktentwicklung oder einem spirituellen Ziel erfolgreich sind oder nicht, die Welt dreht sich für uns und andere trotzdem weiter. Je besser es uns gelingt, uns von Zwängen, alten Mustern oder Modellen, Gedankenstrukturen, Gewohnheiten und Konditionierungen zu befreien und uns Verboten und Geboten nicht bedingungslos zu unterwerfen, desto klarer tritt das Wesentliche in Erscheinung. Meister Eckhart hat das so ausgedrückt: *„Je mehr du herausgehst aus allen Dingen, umso mehr geht ER ein mit all den seinen."* So paradox es klingen mag, erst durch die Verbindung von Wollen und Lassen entsteht das Feuer, das brennt, ohne zu verbrennen.

Übungen

Die letzten Übungen des Buches beziehen sich nicht nur konkret auf dieses Kapitel, Sie sind eine bunte und etwas gewagte Mischung, die in verschiedener Weise Lebenshilfe leisten kann.

1

Diese Aufgabe ist eine der wichtigsten im ganzen Buch. *Pflegen Sie Ihre Fähigkeit, Entscheidungen zu treffen!* Das ist Ihr Tor zur Freiheit. Unfrei zu sein heißt nämlich, nicht mehr wählen zu können. In der äußeren Welt haben wir selten genug echte Wahlmöglichkeiten. Denken Sie beispielsweise an Ihren Alltag im Job, an Fahrten auf der Autobahn oder an Schicksalsschläge. Nur in unserer inneren Welt, in unserer Einstellung zu den Dingen, bestimmen wir ganz allein. Dass wir das nicht immer so wahrnehmen, liegt lediglich an mangelnder Übung. Speziell in Krisensituationen haben wir häufig das Gefühl, alternativlos dazustehen. Weit gefehlt! Es gibt immer eine Alternative, auch wenn sie uns spontan nicht „schmeckt". Wenn der Chef sagt: „Frau Müller, diese Ausarbeitung hätte ich gerne bis morgen Abend", und sie weiß, dass sie das unmöglich schafft, dann hat sie vielleicht das Gefühl, keine Alternative mehr zu haben. Die Reaktion darauf ist Wut oder Trotz oder Resignation – alles innere Energiefresser. Dabei existieren auch in diesem Fall positive Alternativen, beispielsweise die

Aufgabe innerlich zu einem „Experiment" werden zu lassen. Natürlich hat jede Entscheidung ihre eigenen Konsequenzen. Der Trick ist: Gleich welchen Weg Sie gehen, alle Wege sind völlig in Ordnung. Wichtig ist nur, *dass* Sie sich entscheiden. Wir können ja fünf Minuten, nachdem wir uns zu einem Lösungsweg entschlossen haben, beruhigt einen ganz anderen wählen. So etwas passiert in der Realität zwar selten, ist jedoch als Übung zur Freiheit sehr hilfreich.

Bei dieser Übung geht es vor allem darum, zu entdecken, wie wir Entscheidungs-Blockaden verhindern können. Denn sie sind es, die uns das Gefühl der Unfreiheit geben.

2

Sicher haben Sie gelegentlich oder häufig verrückte Gedanken. Möglicherweise sogar perverse Wünsche. Und Sie trauen sich nicht, diese zuzulassen. Kaum sind sie da, verdrängen Sie sie wieder. In dieser Übung sollen Sie jedem verrückten Gedanken, jeder skurrilen Idee Raum geben. Am besten schreiben Sie die Idee auf. Dadurch löst sie sich aus dem undurchschaubaren Dickicht des Unbewussten und manifestiert sich jederzeit beobachtbar für Sie in Ihrem Leben. Die Übung hilft, die vielen hundert „Scheren im Kopf" rauszuwerfen.

3

Die dritte und allerletzte Übung in diesem Buch ist ziemlich provokant. Sie mögen denken, dass sie gar nicht hier hineingehört. Dabei ist sie die größte und vermutlich schwierigste Aufgabe unseres Lebens: *Üben Sie zu sterben!* Wie Sie das machen? Denken Sie einmal an den Zeitpunkt Ihres Todes, daran, wie es sich anfühlt, wenn das Bewusstsein schwindet, der Körper sich entspannt und allmählich erstarrt. Wenn Sie es schaffen, sich auf diese Weise darauf einzustellen, dass das Sterben „nur" ein großer Wandlungsprozess ist, so wie Energie sich wandelt, dann gewinnen Sie Vertrauen in den Prozess des Sterbens. Damit hätten Sie einen großen Schritt in Richtung Ziel Ihres Lebens getan.

XIV

Freude ist das Einzige, wofür man leben sollte.

OSCAR WILDE
1854 - 1900

Das Königreich *ICH* – ein Ausflug ins Egoland

Auf manchen Musik-CDs gibt es einen so genannten Bonustrack, eine kleine Zugabe, die Lust auf mehr machen soll. In diesem Buch biete ich Ihnen etwas Ähnliches an: das Kapitel vom Königreich *ICH*...

Alles hatte wirklich schön und friedlich begonnen. Sie waren allerliebst anzusehen und süß: die kleine Prinzessin und der kleine Prinz. Damals konnte wirklich niemand ahnen, dass sie irgendwann die Herrschaft über große Königreiche übernehmen würden. In der ersten Trotzphase, so etwa im Alter von zwei bis drei Jahren, hätte man schon aufmerksam werden können. Erst recht in der Pubertät, in der sich ganz deutlich zeigte, dass hier sehr eigenwillige junge Menschen zu überaus starken Persönlichkeiten heranreiften. Niemand konnte sich beklagen, denn es war genau so gewollt. Der Junge und das Mädchen sollten sich zu eigenständigen, durchsetzungsfähigen und zugleich aber auch sozial angepassten Persönlichkeiten entwickeln. Dass sie schließlich ihr eigenes Königreich gründeten, konnte damals niemand wissen, aber kluge Köpfe hätten es zumindest erahnen können.

Nun war es soweit: Das Königreich *ICH* ist geboren. Genau genommen sind es zwei Typen, ein männliches und ein weibliches. Beide sind sich sehr ähnlich in ihren Grundstrukturen und sie gehören in diese Welt wie Bäume, Berge, Sterne und der Sonnenaufgang. Fast sechs Milliarden Königreiche dieser Art existieren auf der Erde – alle sind nach der gleichen

Grundstruktur gestrickt und sie sind mehr oder weniger stark und mächtig. Ich möchte Ihnen das an einem Beispiel zeigen:

König Ego I. hat einen großen Hofstaat um sich geschart: Minister, Sekretäre, einfach alles, was zu einem richtigen Königreich gehört. Ego I. ist von einem Trauma besessen. Seit er auf der Welt ist, hat er gelernt, sich durchzusetzen. Er muss zeigen, dass er da ist, dass er wichtig ist, herrscht, kontrolliert und nicht stirbt. In seinem Königreich überflüssig zu sein, womöglich zu sterben oder gar hingerichtet zu werden, das ist seine größte Angst. Deswegen hat er einen perfekten Kontroll- und Sicherheitsapparat aufgebaut. Er besteht aus einem Superminister, der für sein Leben zuständig ist. Es ist sein Chef-Controller, der Gottlieb Angst heißt. Ihm unterstehen alle wichtigen Ressorts wie zum Beispiel die Spionageabteilung unter der Leitung von Friederike Furcht. Bei Minister Angst ist auch das Sicherheitsministerium angesiedelt. Zuständig für die Grenzen ist der Chinese Ab Leh Nung. Außerdem gibt es ein Kriegsministerium. Dieses Ressort ist so wichtig, dass es mit einer Doppelspitze ausgerüstet ist: Dr. Hass und Mrs. Wut.

Der tolle Ministerstab des Königreichs wäre ohne einen Finanzminister natürlich nicht denkbar. Die Leitung hat Frau Raff-Gier. Das Informationsministerium ist wiederum so bedeutsam, dass gleich zwei Minister die Fäden ziehen: die Herren Tarnen und Täuschen. Nicht ganz unwichtig ist auch das Familienministerium unter der Leitung von Professor Dr. Sex. Die Chefin des Außenministeriums heißt Dr. Inge Katzen-Freundlich. Last but not least wäre ein Königreich, das etwas auf sich hält, nichts ohne Kultusministerium. An der Spitze steht seit kurzem der bekannte amerikanische Eventmanager Permanent Entertain. Nun lebt in diesem Königreich, wie sich das gehört, auch eine kleine, süße Prinzessin. Sie heißt Rosamunde Liebe, hat zwar nicht viel zu sagen, aber sie ist nice to have. Die Prinzessin ist der Lichtblick und die Zerstreuung in dem schwierig zu regierenden Königreich.

Es mag sein, dass das Grundmuster des Bildes vom Königreich Ego nur auf den Autor in dieser Schärfe zutrifft. Vom Prinzip her ist es jedoch bei uns allen gleich. Wir kommen auf die Welt und das Ego wird aufgefordert sich zu entwickeln. Im Laufe der Zeit werden viele Versuche unternommen, es zu disziplinieren. Wenn wir besonders gut erzogen werden, dann bekommen wir beigebracht, dass wir das Ego überwinden müssen. Allerdings vergessen wir dabei, dass es sich nicht überwinden lässt, weil es nun einmal in der Natur des Menschen liegt, egoistisch zu sein. Unser Ego will nicht untergehen, es hat einzig und allein eine Bestimmung: zu überleben, und zwar auf drei Ebenen – der körperlichen, der sozial-gesellschaftlichen und der emotionalen. Um dieses Ziel zu erreichen, setzt es alle Mittel und Methoden ein. Es gründet Familien, beteiligt sich an Staatengründungen, erfindet Firmen, baut Flugzeuge, fährt auf den Mond und erforscht die Gene. Oder wählt gar den Weg des Freitods wie Selbstmord-Attentäter, die damit ihren Lebenswillen in die Illusion von einem paradiesischen Jenseits übertragen.

Wenn das Ego die Antriebskraft für alle Unternehmungen des Menschen ist, worin unterscheidet er sich dann vom Tier, das ebenfalls diesen starken Trieb zum Überleben hat? Zeichnet sich der Mensch womöglich nur dadurch aus, dass er ein besonders intelligentes, besonders raffiniertes und besonders triebhaftes Tier ist? Nein! Der fundamentalste Unterschied begegnet uns, um im Bild des Königreichs Ego zu bleiben, in Form der liebreizenden Rosamunde Liebe. Die Liebe ist das Einzige, was uns in die Lage versetzt, unser Ego zu überwinden. Liebe ist nichts anderes als Ich-Losigkeit. Spenden, die wir Caritas und anderen Organisationen zukommen lassen, oder Wohltaten, die wir in sozialen Einrichtungen oder als

Nachbarschaftshilfe verrichten, haben leider vielfach nichts mit Ich-Losigigkeit zu tun, weil es sich bei ihnen um ein einfaches *Geschäft* handelt: *Für unser soziales Engagement werden wir mit einem guten Gewissen bezahlt.* Wahre Liebe ist frei von solch kalkulierendem Denken. Sie will nicht belohnt werden, weder mit materiellen noch mit immateriellen Gütern. Paulus hat das im Brief an die Korinther drastisch so gesagt: *„Und wenn ich all meinen Besitz verteilte und nähme den Tod in Flammen auf mich, aber ich hätte keine Liebe, dann wäre alles vergeblich."*

Lieben heißt, einfach nur so und ohne Hintergedanken zu handeln. Es muss nichts im üblichen Sinne Gutes sein, was wir dabei machen. Liebe bedeutet, einfach das zu tun, was dran ist – ohne jede Absicht, ohne jegliche Intention, ganz einfach der Sache, der Person oder einer Aufgabe gewidmet. *Liebe macht letztlich frei, weil sie uns vom Ego befreit.* Das ist die Essenz dieses Buches. Zugegeben, ständig ohne Ego zu leben ist nicht möglich, weil das Ego zentraler Bestandteil dieser Welt ist. Allerdings: Wäre es nicht wunderbar, wenn wir diese egoistische Welt zumindest als Übungsplattform für die Liebe nutzen könnten?

Ebenso wie die Dunkelheit keine eigene Qualität hat, sondern nur das Fehlen von Licht ist, ist das alltägliche Leben nur das Fehlen der Liebe. Die Unannehmlichkeiten und die Gegensätze, die uns im Alltag begleiten, haben keine Qualität. Sie sind nichts – nur die Liebe zählt. Sich zum Ziel zu setzen, dies zu entdecken, ist eine der schönsten Aufgaben der Welt. Sie kann im Privaten ebenso wie im Geschäftsleben und in der Kunst gelöst werden. Wir müssen uns nicht in ein Kloster zurückziehen, um die Liebe zu erkennen. Im Gegenteil: In den meisten Fällen verhindert ein Rückzug sogar, dass Alltag und Liebe in Einklang gebracht werden. Liebe, die nicht im Alltag wirkt und funktioniert: Was ist sie wert?

Kehren wir noch einmal zu unserem Bild vom Königreich zurück. Erst wenn König Ego I. begreift, dass er die Dinge wieder selbst in die Hand nehmen muss, dann wird er erlöst werden können, so wie es in vielen Märchen beschrieben ist. Solange er seine Macht an einen Superminister abgibt und die Verantwortung an den Sicherheitsminister, den Finanzminister, den Propagandaminister... weitergibt, bleibt sein Königreich unerlöst – in trauriger Abhängigkeit des kleinen Ichs.

Auf das wirkliche Leben übertragen ist die Erlösung der Wandlungsprozess vom Ich zum Selbst. Während das Ich das breite Tor zur Selbst-Sucht ist, erweist sich das Selbst als Pforte zur „Selbst-losigkeit". In dieser Welt sind beide Seiten verborgen. Sie zu entdecken und durchlässig zu machen, das ist unser Job im Leben. Die Freiheit, die dabei wie von selbst entsteht, ist die der zauberhaften Prinzessin Rosamunde Liebe.

Ist Ihnen das zu romantisch? Dann lesen Sie zum Abschluss auf dieser und der folgenden Seite die Geschichte von Bodhidharma und dem Kaiser von China, die ich von Pyar Troll aus ihrem Buch „Poesie der Stille – Tanz des Lebens" übernommen habe. Bodhidharma war der Patriarch, der im 6. Jahrhundert n. Chr. das Zen (chinesisch: Ch'an) von Indien nach China brachte. Der Kaiser hatte sich zum größten Sponsor dieser neuen „Bewegung der Einfachheit" entwickelt, obwohl das damalige Establishment alles andere als bescheiden lebte (vergleiche Michael von Brück in: ZEN – Geschichte und Praxis).

Zur Zeit Bodhidharmas lebte ein Kaiser mit einem normalen kaiserlichen Ego. Auch Kaiser haben Sehnsüchte und fühlen sich nicht wohl. Kaiser versuchen dann ihr Reich zu vergrößern, in der Hoffnung, dadurch glücklich zu werden. Er war ein kluger Kaiser, deshalb merkte er irgendwann: Eigenartig, mein Reich wird immer größer, meine Armeen werden immer stärker, alle Grenzen sind gut befestigt – aber glücklich bin ich immer noch nicht." Wenn man das merkt, dann ist das immer ein segensreicher Augenblick. Der Kaiser hatte von den Lehren Buddhas gehört und bei sich gedacht, „mein Unglücklichsein muss an meinem Ego liegen." Also beschloss er, den damals schon berühmten Bodhidharma aufzusuchen und ihn um Rat zu fragen. „Ich habe alles, was ich will, aber mein Ego will immer mehr. Ich werde es nicht los." Der Meister erwiderte: „Gut, das ist kein Problem, komm morgen früh um vier Uhr noch einmal zu mir – und vergiss nicht, dein Ego mitzubringen." Bis auf die frühe Uhrzeit war das für den Kaiser kein Problem. Am nächsten Morgen wartete Bodhidharma schon mit grimmiger Miene und mit einem Knüppel bewaffnet auf ihn. „Nun, wo hast du dein Ego", fragte er den Kaiser ziemlich unfreundlich. Der war schockiert. So hatte ihn noch niemand angefahren. „Da irgendwo in mir", antwortete der Kaiser, „ich weiß nicht genau wo." Bodhidharma wurde noch grimmiger: „Wie soll ich dich von deinem Ego befreien, wenn du nicht einmal weißt, wo es ist? Schau genauer hin, setz dich hin und schließe die Augen. Du musst es finden." So saßen sie da Stunde um Stunde, bis zum Mittag. Und der Kaiser merkte, wie er bei seiner langen inneren Suche immer stiller wurde. Er wurde immer glücklicher in diesen Stunden, immer schöner und friedvoller. Er entdeckte die wahre Natur des Geistes. Später, als der kaiserliche Alltag längst wieder eingetreten war, konnte er diese Erfahrung immer wieder aufrufen, und das half ihm das Regieren nicht mehr so trostlos ernst zu nehmen.

Zu guter Letzt

Dank

Diese Seiten sind meine ganz persönliche Übung. An so vielen Stationen meines Lebens finde ich Anlass, dankbar zu sein, so dass ich froh bin, das einmal aufschreiben zu können (siehe dazu auch die Übung 1 im ersten Kapitel, Seite 26).

Wenn Sie gerne Familienanzeigen in der Zeitung lesen, dann ist der Text sicher auch für Sie interessant. Oder möchten Sie wissen, ob Sie erwähnt sind? Dann freuen Sie sich vielleicht. Erwarten Sie, genannt zu sein, finden sich aber nicht, seien Sie sich gewiss, dass meine Dankbarkeit Sie dennoch umfasst.

Voller Dankbarkeit bin ich vor allem gegenüber meiner Frau. Maggi hat mich stets fördernd und kritisch begleitet. Das ist eine wunderbare Erfahrung, selbst wenn unsere „Diskussionen" heftig sein können. Das liegt an ihren italienischen Vorfahren – und nicht an mir...

Unseren beiden Kindern, Anna und Matthias, ist das Buch gewidmet. Muss ich dazu noch mehr sagen?

Dank gilt natürlich meinen Eltern, meinen vier Brüdern und der ganzen Sippe, von der ich lernen konnte, nicht allein zu sein, was ich gerne bin. Nahe daran ist das Erleben von Freundschaft – mit Werner Soemers als Jugendfreund und später vor allem mit Ulrich Freiesleben, mein erwachsener Freund im besten Sinne. Und dann ist da noch Qi Yang, mein chinesischer Bruder, mit dem ich das Nichts teile.

Im Beruf habe ich mit Klaas Apitz die dankbare Erfahrung gemacht, dass mich ein Konkurrent spontan unterstützte, als ich in meiner noch jungen Firma wegen Krankheit für Monate außer Gefecht war. Und vom Wettbewerber Hans Konrad Koob erhielt ich den entscheidenden Hinweis auf Willi Massa und die „Neumühle". Dort bin ich auch Michael von Brück begegnet, meinem spirituellen Lehrer. Er hat mich in diesem Buch mit seinem Vorwort beglückt. Danken möchte ich Marion Jäger-Maluche, die mich mit ihrem außergewöhnlichen beruflichen Engagement in unterschiedlichsten Funktionen über 30 Jahre durch mein Managerdasein begleitet hat. Jetzt organisiert sie die gemeinnützige Stiftung Identity Foundation, die meine Frau und ich gegründet haben.

In Dankbarkeit erwähnen möchte ich die Partner der Agentur, ohne die mein eigener Weg nicht möglich gewesen wäre. Sie haben mir Zeit und Raum gelassen, meine „Verrücktheiten" zu entwickeln. Dazu gehören vor allem Gründungspartner Joachim Klewes und der heutige CEO Rainer Zimmermann. Zu den vielen Menschen aus dem Berufsleben, an die ich mich mit Dankbarkeit erinnere, gehört Werner Rudloff, auch wenn er es weit von sich weisen wird, weil er stets „nur" ein äußerst korrekter Kunde von uns sein wollte. Siegfried A. Willing, dem leider schon verstorbenen Agentur-Coach, bin ich nach wie vor verbunden. Er hat mich auf seine unnachahmliche Weise und seine menschliche Art sicher durch viele kleine und große Krisen der Agentur geschleust. Danke Sigi.

Und dann tauchte plötzlich der Verleger Joachim Kamphausen auf. Nach meinem Desaster mit dem Freiburger Bauer-Verlag war er es, der mir meinen Glauben an das Gute im Verleger zurückgeben konnte. Er ist mein Freund und mein Verleger geworden. Bleibt zu erwähnen, dass dieses Buch nicht ohne die Hilfe von Sandra Kloss entstanden wäre, die meine Textbausteine in mühevoller Arbeit aus dem Diktaphon in den PC transferierte. Last not least verdanken wir alle Jutta Oppermann, der klugen Lektorin, dass die Gedanken in diesem Buch nicht nur aus 14 Karten mit Aphorismen von mir bestehen, sondern aus ihnen ein ausgewachsenes Buch wurde.

Bibliographie

Beisser, Arnold R.: Wozu brauche ich Flügel?; Hammer Verlag, 1997

Brück, Michael von: Zen – Geschichte und Praxis; C. H. Beck, 2004

Buß, Eugen: Quellen der Identität 2002 – 2004, Band I und II; Identity Foundation*, Düsseldorf

Die Bibel in heutigem Deutsch; Deutsche Bibelgesellschaft

Doyle, Bruce I.: Pass auf, was du denkst; Kamphausen Verlag, 2000

Flasch, Kurt; Imbach, Ruedi: Meister Eckhart – in seiner Zeit; Identity Foundation*, 2003

Franck, Georg: Ökonomie der Aufmerksamkeit; Carl Hanser, 1998

Fromm, Erich: Haben oder Sein; dva, 1976

Johnson, Spencer: Die Mäuse-Strategie für Manager; Ariston 2001

Kopp, Wolfgang (Hrsg.): Lao Tse, Tao Te King; Ansata Verlag, 1988

Linke, Detlev B.: Identität und Neurowissenschaften; Identity Foundation*, 2003

Quint, Josef (Hrsg.): Meister Eckhart, Deutsche Predigten und Traktate; Diogenes Taschenbuch 20648

---

* Die Schriften der Identity Foundation können im Internet abgerufen werden: www.identityfoundation.de

Rinpoche, Soygal: Das Tibetische Buch vom Leben und Sterben; O. W. Barth, 1993

Shibayama, Zenkai: Zu den Quellen des Zen; Heyne-Taschenbuch 980

Smullyan, Raymond M.: Das Tao ist Stille; Krüger, 2002

Troll, Pyar: Poesie der Stille; Kamphausen, 2002

Vasey, Christopher: ...Und sie steht doch still; Kultur Edition Gralswelt, 2004

Waldenfels, Bernhard: Phänomenologie der Aufmerksamkeit; Suhrkamp, 2004

Warum ist nicht nichts? – Interview mit *Brian Greene* in: Der Spiegel 39, 2004, S.190 ff.

Watzlawick, Paul: Wie wirklich ist die Wirklichkeit?; Piper, 1995

Wielens, Hans: Im Brennpunkt: Geld & Spiritualität; Via Nova, 2004

Yuzen, Sotetsu (Hrsg.): Das Zen von Meister Rinzai – das Rinzai roku des Lin-chi I-hsüan; Kristkeitz Verlag, 1991

Über den Autor

Als die *Welt am Sonntag* Paul J. Kohtes in einem ganzseitigen Porträt „PR-Papst a. D." nannte, kommentierte er das lachend: „Das heißt sicher ‚auf Dauer'." Auf die Frage der *Wirtschaftswoche* „Was ist für Sie ein guter Tag?" antwortete er: „Ein schlechter Tag wäre einer, an dem es nichts zu lachen gegeben hätte." Die *Süddeutsche Zeitung* bezeichnete ihn als „Zurückhaltenden Primus" und das *Handelsblatt* titelte: „Paul J. Kohtes verzichtet auf Starallüren, dabei hat er die Kommunikationsberatung salonfähig gemacht."

Paul J. Kohtes ist ein Vollprofi, sehr erfolgreich – und dabei ein nachdenklicher Mensch geworden. Vor über dreißig Jahren, mit 28, hat er in Düsseldorf eine Beratungsgesellschaft für Öffentlichkeitsarbeit gegründet. Heute ist die Firma *PLEON Kohtes Klewes* mit großem Abstand Marktführer in Deutschland.

Gegensätze zu verbinden, das war immer schon das Thema des Autors. Zunächst hatte er sein Leben nahezu ausschließlich aus der Arbeit heraus definiert. Eine schwere Erkrankung war der Anlass dafür, diese Einseitigkeit zu überdenken. Auf Rat eines Geschäftsfreundes suchte er sein inneres Gleichgewicht in der Zen-Meditation.

Er tauchte – von seinem Zen-Lehrer, dem Münchner Religionswissenschaftler Prof. Dr. Michael von Brück, angeleitet – in die Lebensschule des Zen ein und suchte auch in Zen-Klöstern Japans nach spiritueller Erfahrung und Befreiung. Dabei war es nie sein Ziel, dem Alltäglichen und insbesondere der Welt der Wirtschaft den Rücken zu kehren. Das Weltliche mit dem Spirituellen zu vereinen, das ist sein Lebensthema geworden.

Heute leitet Paul J. Kohtes selbst Seminare in Zen-Meditation und coacht Führungskräfte. Aus dem Tagesgeschäft der von ihm gegründeten Agentur hat er sich nach und nach zurückgezogen, steht jedoch Mitarbeitern wie Kunden bei ausgewählten Projekten mit Rat und Tat zur Seite.

Bei dem Versuch, mit dem Kauf eines Buchverlages die spirituellen Kompetenzen mit denen des Unternehmers zu verbinden, hat Paul J. Kohtes auch das große Scheitern erfahren. Er ließ sich von der Idee blenden und schaute zu spät hinter die Kulissen des maroden Unternehmens. Doch selbst der materielle Verlust brachte ihn weiter. „Es war ein Gewinn an Erkenntnis auf dem Weg zu mir selbst", stellt er heute fest.

Seine Anteile an der Agentur hatte er bereits zuvor, 1998, gemeinsam mit seiner Frau Margret Kohtes auf eine gemeinnützige Stiftung, die *Identity Foundation,* übertragen. Die in Düsseldorf ansässige Stiftung hat sich zum Ziel gesetzt, das Thema Identität wissenschaftlich zu erforschen, die Erkenntnisse der Öffentlichkeit nahe zu bringen und damit Menschen zu einem Mehr an Selbsterkenntnis zu verhelfen. Die gleiche Zielsetzung, wenn auch durch praktische Übung, verfolgt sein *Meister-Eckhart-Haus,* das er 1999 in Kleve am Niederrhein gründete.

MEMO

MEMO